JN029915

日本を愛する外国人が

なぜ日本企業で活躍できないのか？

九門大士

KUMON Takashi

外国人エリート留学生の知られざる本音

日経BP

はじめに

最初に読者のみなさんに質問をします。

①日本で学んでいる外国人留学生の数は？

Ⓐ約５万人　Ⓑ約10万人　Ⓒ約30万人　Ⓓ約50万人

②東京に住んでいる外国人の国籍数は？

Ⓐ30カ国　Ⓑ50カ国　Ⓒ１００カ国　Ⓓ１００カ国以上

③日本の外国人人口は？

Ⓐ約１４０万人　Ⓑ約１８０万人　Ⓒ約２４０万人　Ⓓ約２８０万人

④日本の総人口のうち、日本国内で暮らす外国人の割合は？

Ⓐ約２％　Ⓑ約４％　Ⓒ約８％　Ⓓ約12％

⑤日本の外国人労働者の数は？

Ⓐ86万人　Ⓑ１２６万人　Ⓒ１６６万人　Ⓓ２０６万人

正解は①Ⓒ約30万人（日本学生支援機構）、②Ⓓ100カ国以上（195カ国・地域、東京都）、③Ⓓ約280万人（法務省）、④Ⓐ約2％（2・2％、法務省・総務省）、⑤Ⓒ166万人（厚生労働省）です。どうでしょうか。予想よりも多くの外国人がいると思ったでしょうか？　または少なかったでしょうか？

30万人の金の卵を活用する

実際、日本で学ぶ留学生や日本に住む外国人の数は年々増えています。総人口に占める割合は2％程度と他の先進国と比べると多くはないですが、逆に言うとまだ伸びしろがあると考えられます。これだけ多くの外国人が日本に来て、30万人以上の留学生が日本で学んでいる中、せっかく日本を好きになってくれている留学生や外国人材を活用しない手はないでしょう。私がそう思うのは、よく言われるように日本の総人口が減少していくので、それを補うために外国人の労働力が必要だということではありません。また、日本企業がグローバル競争で勝ち抜くために外国人材が必要ということだけでもありません。

異なるバックグラウンドを持つ多様な人々が集まると、今までになかったアイデアや社会を変えるようなイノベーションが起こりやすく、それは日本企業の競争力向上はもちろん、ひいては今後の世界にとっても良いことだと思うからです。彼らは日本で、日本の企業、技術、社会、文化、精神性などに触れることになり、日本人社員も外国人社員とともに働くことで、新たな価値観を持ったビジネスや発想が生みだされます。外国人が日本で活躍したり、たとえ母国に帰国したりしても、多くの人が日本や日本企業に関わり続けることになります。日本企業の技術や考え方を学び、それを外国人の感性や視点で国内外に広げてくれるアンバサダー（大使）のような役割をしてくれるのではないかとも思うのです。

本書は、東京大学公共政策大学院で私が担当している「日本産業論」（正式な科目名は、Case Study: Business environment, stakeholders and issues; a learning experience in collaboration with Japanese industry）という講義での、外国人留学生や高度外国人材と日本企業の対話を再構成した内容を中心に執筆したものです。この講義は、主に留学生を対象にしており、日本企業のゲストスピーカーも交えながら英語で議論するものです。本書では、主に高度外国人材、およびその卵と呼ばれる外国人留学生について述べています。文中に、高度外国人材、外国人材、外国人社員、外国籍社員などの表現がありますが、広い意味で基本的に同義とします。

日本では２００８年に「留学生30万人計画」が打ち出され、２０１９年にこの留学生数の目標は達成しました。しかし、日本企業と留学生、大学の間には様々な情報や認識のギャップがあり、日本で働きたいと考えている留学生の約3割は日本で就職できないという状況が発生しています。これに対して政府も2016年の「日本再興戦略改定2016」で留学生の国内就職率を3割から5割に向上させることを目指すとし、2017年度から大学が地域自治体や産業界と連携する「留学生就職促進プログラム」が始まりましたが、依然課題は山積しています。

東京大学公共政策大学院でもこうした「金の卵」と呼べるような留学生が数多くおり、彼らをはじめとした外国人留学生の声や企業との対話を読み解くことで、このようなギャップを埋めるきっかけになればと思っています。コロナ禍にあっても日本で働きたいという留学生や高度外国人材は多くおり、今こうした取り組みを継続的に行っていかないと、せっかく築いてきた人材誘致の土台が台無しになってしまうと感じています。

私は現在、外国人材の日本での就職・企業の受け入れ、グローバルリーダーシップやキャリア開発と自己認識（セルフ・アウェアネス）の関係について研究しています。また、研究以外にもこれまで日本企業の組織のグローバル化やグローバル人材育成に関わってきました。その根底にあるのは、多様性を受け入れ、一人ひとりが才能を発揮できる組織や社会作り、人材育成に貢献したいという思いです。

コロナ禍で見直される日本企業の利他主義

働き方や職場環境では多くの批判を受ける日本企業ですが、その成り立ちを見ると株主の利益のみならず、社会を含め多様なステークホルダーへの貢献をベースに成り立っています。単に短期的な利益を得るだけではなく、長期的な視点から社会課題解決のための技術イノベーションをビジネスとして行う企業が多いのです。ダボス会議でも「ステークホルダー資本主義」が提唱されたように、この利他的な発想は実は今、自国の利益のみを考え分断され始めている世界の中で重要な考え方ではないのでしょうか。

この本を書いているのは、新型コロナウイルスが世界中に蔓延している最中ですが、国境が封鎖され自国第一主義になる国が増え、世界はさらに分断の色合いを強めている印象を受けます。しかし、その一方で一国だけでは解決できないパンデミックのような問題が、日本に暮らす一人ひとりにまで影響を与えていることが身をもってわかる経験だったとも感じています。

国連は、「持続可能な開発目標（ＳＤＧｓ）」として地球にやさしい、サステイナブルな発展を提唱していますが、正直なところ、それを１人の生活者として感じることは少ないのではないでしょうか。しかし、今、ポストコロナやウィズコロナの世界がどう変化するかに関心を持っている人は多く、１つの「大きな転換期」と感じている人も多いことでしょう。それは日本人だけでなく、多くの外国人留学生や日本の国内外で働く外国人社員の方々と話していても実感することです。

外国人材を活かすカギは「インクルーシブ」

だとすれば、日本で外国人材と学び働くことにより新しいものが生まれ、彼らが日本はもちろん母国を含め世界中に広がっていくことで、世界が大きく変わることにもつながるのではないでしょうか？

かなり大きな話になってしまいましたが、それだけの可能性を持った話だと考えています。もちろんそうなるには、日本で働いて良かった、日本企業で働くことが成長につながったと実感してもらうことが必要です。以下のような多くの課題が日本や日本企業に残されています。

- 全体の約6割の留学生が日本で就職を希望するも、その半分しか就職できない
- 採用時や入社時に完璧な日本語を求められる
- 外国人社員のむやみな「同質化」や「日本人社員化」が起こっている
- 多様性を受け入れるインクルーシブな環境が日本企業には少ない
- 職場の社員の価値観が単一的で、イノベーションが生まれにくい
- 外国人社員の多様な才能や個性が発揮されにくい

日本企業のすべてを否定するのではなく、どの部分を残してどの部分を変えていくのかを考えれば、必ず進化できるはずです。しかし、今日本企業が変わらないと、日本に来る留学生の質が変わり、優秀な留学生は減っていく可能性があります。ウィズコロナの世界では外国人材を受け入れること自体がしばらく難しくなるかもしれません。

また、外国人側の理由だけでなく、コロナ後の経済危機の影響で、企業の外国人材に対する需要が減少するなど外国人に対して内向きになってしまう可能性もあります。過去の歴史を見ても、経済危機が起こったり、大不況に直面した際には、そうしたことが繰り返されてきました。人は異質なものへの抵抗がありますし、多様性があることで今までなかった摩擦やあつれきが組織内や社会に生まれるのはよくあることです。

だからといって多様性が必要でなくなるわけではありません。むしろ外国人材を受け入れることによる摩擦をどう乗り越え、クリエイティブなものに変化させるかや、今いる外国人材を大切にし、グローバルなテレワークなども含めてどうつながるかが、より問われてきます。

私も、数年前から留学生との関わりが増えるまでは、実は日本や日本企業に関心を持ってくれる留学生がこんなにいるとは思っていませんでした。「失われた20年、30年」と言われるように、経済の低迷が続く日本の魅力は薄れ、発展している母国や英語圏の第3国でキャリアを歩むのだろうと思っていたからです。

東大にも多い日本が大好きな留学生

それが講義や日本企業の訪問、留学生との食事会（ベジタリアンが多いので大体インド料理になります）、学生へのインタビューなどを通じて、こんなに日本が好きな人がいるんだと驚かされ、私自身が留学生を通して日本や日本企業が持つ可能性に気づかされました。「ドラゴンボールやセーラームーンを見て育って日本に興味を持ちました」「2011年3月の東日本震災時の日本人の対応が素晴らしく、住んでもっと日本を知りたいと思いました」などという話を直接聞いていると、普段は日本の課題が目に付く私も自然に顔がほころんで嬉しくなります。また、人を育てる仕組みや社内で家族的に助け合う関係性など、日本企業の良さも再認識することができました。

それだけに、彼らから「日本は好きだが、日本企業で働くのはちょっと…」という話を聞くと非常に心苦しいし、残念に思います。そして、グローバル化やデジタル化への対応の遅さや残業を含めた働き方などの課題を指摘されると、反論に苦労します。その意見を聞いて、思い当たる節が多々あるからです。

この本を通じて、ポストコロナの時代の大きな転換点に、外国人の若い世代が何を感じているかを知ってもらい、日本企業が外国人材や多様性を受け入れるのに何が必要かを考えるきっかけにしていただければ幸いです。

そして、20代~30代の若手の日本人社員も終身雇用の感覚が薄れ、会社への忠誠心や働き方に関して、外国人に近い感覚を徐々に持ち始めているのではないでしょうか。日本人の新入社員の3割が入社後3年以内に辞めるとはよく言われますが、ある大手メーカーの方とお話ししたところ、「日本人の若手社員は外国人社員と似た感覚になっている。人によっては外国人社員の方が人材育成など昔の日本的経営の良さを理解しているかもしれない」とのことでした。

つまり、外国人社員だけではなく日本人社員の間でも価値観が多様化しているので、ダイバーシティは組織にいる誰しもが考えなければならない問題だと感じるのです。そして、2017年5月26日付日本経済新聞電子版によると、2017年に米ギャラップ社が世界各国の企業を対象に実施した従業員のエンゲージメント（仕事への熱意度）調査の結果、日本は「熱意あふれる社員」の割合が6％しかなく、米国の32％と比べて大幅に低く、調査した139カ国中132位と最下位クラスでした。外国人のイメージでは「ロイヤリティ（忠誠心）」が高いはずの日本企業なのに、何かがおかしいのです。

この本は、企業の経営層や人事・海外事業部門など日本企業の国内外のグローバル化、外国人の就職・採用や受け入れに関わる企業および大学の方々、外国人が同僚として職場にいるビジネスパーソン、日本に関心を持つ外国人の方々を主な対象としています。

しかし、これらの人に限らず、これから本格的に働くことになる20代〜30代の若手社員をはじめ、すべてのビジネスパーソンに読んでいただきたいと思います。なぜなら、ポストコロナ時代はリモートワークを基本として、ジョブ型や成果主義などへの移行が加速するとも言われており、本書で議論する組織・働き方・キャリアの内容は、他人事ではなく、「自分事」となる可能性があるからです。つまり日本にいてもグローバルスタンダードに近い働き方になっていくのです。

また、今回取材した留学生や外国人材の多くは1981〜96年に生まれたミレニアル世代、97年以降に生まれたZ世代と呼ばれる20代〜30代の若者で、彼らの考え方を知りたい方にもぜひ読んでいただきたいと思います。これらの世代の若者の多くは、仕事はお金を稼ぐ手段と単純に捉えるのではなく、社会的な価値があるかに関心を持っています。さらに企業のパーパス(存在意義)にも敏感で社会貢献への関心も高いと言われます。

今後の消費の主役はこの世代に移っていくため、企業も彼らのニーズを真剣に考えなければなりません。彼らが良いと思った商品やサービスは彼らの共感力によって、SNSなどですぐにシェアされていきます。そして、優秀な人材の採用という意味でも考える必要があります。日本人も外国人も優秀な新卒学生や若手人材は、企業を選ぶ際に企業のパーパスや社会貢献の取り組みを重視します。取材の中でも、優秀な人材ほど給与など金銭面だけではなく、目的意識を大事にしてエシカルな（倫理観を持つ）企業を選ぶという話が何度も出てきました。これから就職する日本人大学生と話していても、「一緒に働く人の価値観や企業理念が大事です」と話す学生が増えています。

みなさんには本書で取り上げる様々な外国人の考えを知ることで、改めて「日本」や「日本企業」について別の視点から考え、新たな発見をしてもらい、今後の仕事やキャリアに活かしてもらえれば嬉しいです。またポストコロナの世界や働き方を考える一助となれば幸いです。

本書はまさにコロナウイルスが蔓延し始める頃から書き始め、緊急事態宣言を経て、書き終える頃には第2波が来ようとしていました。そのため、国内外の企業や留学生、外国人社員への取材もほぼ全てオンラインで行い、ビジネスやコミュニケーションの変化をリアルタイムで感じることになりました。

ポストコロナの世界にこうしたリモートワークが常態化するとすれば、これまであうんの呼吸で場所や時間を共有してコミュニケーションを行い、プロセスを管理してきた経営は、よりタスクを明確にして言語化するように変わらざるを得ないでしょう。しかし、それは本書で取り上げているような外国人と働いたり、働き方のグローバル化を進めたりするには実は良いことなのではないでしょうか？　アメリカの文化人類学者エドワード・T・ホールが世界中のコミュニケーションをハイコンテキストとローコンテキストの2つに分類しました。まずハイコンテキストは非言語のメッセージであるコンテキスト（文脈）が意味に与える影響が大きく、日本は最もハイコンテキストな文化とされます。今まであまりにもハイコンテキストだったコミュニケーションに、より言語化されたローコンテキストなコミュニケーションを取り入れていけば、外国人社員も働きやすくなるでしょう。

人生やキャリアに悩むミレニアル世代の外国人

留学生や外国人社員の方々をインタビューしていると、「こんな私の話が参考になるんですか？」と言いつつも取材後、「面白かったです」「とても楽しかったです」と多くの人が言ってくれました。また、「話せてよかったです」「今まで考えたことがなかったことでした」「外国人として日本で働くために何が必要か自分の考えを整理できました」「今後日本でどう生きていくかについて色々考えさせられました」といったうれしい感想が寄せられました。

こうしてインタビューを進めていくうちに、「外国人として日本で暮らすのは孤独です」という留学生の話を聞き、実はみんな自分の話を聞いてほしいのでは、話ができる場がないのでは、と思うようになりました。傾聴という言葉がありますが、人の話をしっかり聴くことには力があることも感じました。最近では、聴く・聴いてもらうことをビジネスにしているスタートアップ企業までも出てきています。

さらに、質問を通じて多くの対話が発生し、新しい考え方が生まれたり、行動が変わったりしていることにも気づきました。日本に来ている香港やデンマーク出身の留学生に、自分の人生やキャリアの話をしてもらったことがありましたが、それまで自分のキャリアに関心がなかった学生が「次の日にインターンの申し込みに行きました」と話していたことに驚きました。

アメリカでは、数年前に元イエール大学教授のウィリアム・デレズウィッツ氏が書いた『優秀なる羊たち』(三省堂)というアイビーリーグに通う超エリート大学生が小さい頃からアイビーリーグに入学するために必死に勉強や課外活動をして合格したのに、実際には多くの学生が人生に充実感を感じないという能力主義(メリトクラシー)的な社会システムへの批判を書いた本が話題になりました。私は、中国の大学で日中大学生合同のキャリア授業を7年間続けているのですが、その中でも中国人学生が似たような感想を話しています。シンガポールの名門シンガポール国立大学でシンガポール人やインド人、マレーシア人などアジアの学生に聞いた時も、同様でした。エリートなりに色々と自分のキャリアや人生に思い悩んでいるのだと、考えさせられました。私自身この大きな社会システムを変えるために何ができるか試行錯誤してきましたが、みなさんにも人と同じ道をたどるのではなく、これからの世界を変えるために自分の才能を活かして生きていってほしいと思います。

目次

第2章

なぜ留学生は「日本」で働きたいのか？

第3章

・いつ日本企業を辞めようと思うのか？
・「自己認識」をベースにしたキャリア教育の必要性

第5章

日本企業と欧米企業の違いとは

・講義：日本の株式会社のシステム：会社のリンゴは食べられるか？
・現実社会では生身の人間が仕事をしている
・米型のプロパティファームと日本型のエンティティファーム
・スタートアップや国営企業をどう考えるか
・講義：社会課題の解決をビジネスにするという企業理念
・バックキャスト型のイノベーションが特徴
・社会課題解決プランのコンテストでグローバルに企業理念を共有
・多様な社員の意見はサステイナブルなビジネスに必要
・外国人社員に聞く：英語で面接を受けてオムロンに入社、日英半々で業務を
・世界の経営はどこに向かっているのか？
・問われる資本主義のあり方
・利他的な発想で持続可能な社会のあり方を考える

第1章

ダイバーシティあふれる白熱教室

「留学生のみなさん、こんにちは。東京大学の『日本産業論』のクラスへようこそ。今日の第1回目の講義では、日本企業の人事管理システムについてお話しします。本講義の目的は、日本企業の人事管理システムの基本について海外企業と比較しながら理解してもらい、今後、日本企業の方々の講義を理解しやすくすることです。まず、みなさんが抱いている日本企業についてのイメージは？」

私はゆっくり教室を歩きながら学生に聞いてみました。

「はい、はい！」とたんに多くの留学生の手が挙がりました。「会社への忠誠心（ロイヤリティ）が強いです」ネパールの政府から派遣されている男性が穏やかな笑顔で答えました。後ろの席にいたオーストラリア人の女性からも手が挙がりました。「管理が厳しい印象です」

「年功序列で残業が多いんでしょ」、グレーのジャケットをおしゃれに着こなすイタリア人の男性が答えました。なかなか厳しいコメントが続きます。間髪をいれず次々に手が挙がり、こちらも話をまとめるのが大変です。しかし、教室に徐々に活気が出てきて教えている私も楽しくなってきます。

「人を育ててくれる仕組みがあります」今度は前の席に座っていた中国人女性が答えました。

「これはポジティブなイメージですね。他にはありますか？」

「技術力が高いです」、インドネシア出身の男性が答えました。

「ありがとう。ではいったんこの辺りにしましょう。外国の人たちに日本企業の印象を聞くと、今答えてもらったように、良くない点として、雇用システムや雇用習慣が違う、残業が多い、会社への強い忠誠心を求められる、外国人の昇進や昇格に『ガラスの天井』がある（管理職以上の役職に外国人が少ない）などの回答が多いです。一方、良い点としては、多くのグローバルなブランドがある、技術が高い、人材育成システムの仕組みがしっかりしているなどが挙がります」

世界10数か国からの留学生が英語で受講

これは、東京大学公共政策大学院（GraSPP）で行われている「日本産業論」の授業の様子です。

東京大学公共政策大学院は、政策形成・実施・評価の専門家を養成する大学院修士課程（専門職学位課程）として2004年4月に発足した、東京大学の15研究科の中では最も新しい研究科です。その大きな特徴の1つが国際化に対する取り組みであり、在籍している学生の半数以上が留学生となっています。同大学院の資料によると、留学生は海外の大学を卒業して来る学生、コロンビア大学国際公共政策大学院（SIPA）、シンガポール国立大学リー・クアンユー公共政策大学院（LKY-NUS）、パリ政治学院（シアンスポ）など（2つの教育機関で同時に学位を取得する）ダブル・ディグリーや交換留学の協定を結んでいる海外の14の公共政策大学院から来る学生、アジアを中心とした新興国の政府から派遣されてくる官僚などに分かれ、国籍や社会人経験の有無など多様なバックグラウンドを持つ学生たちが学んでいます。

「日本産業論」は、このプログラムの中でも異色の存在です。授業を受講するのは基本的には留学生で、講師による講義以外に、現場で活躍している日本企業の方々の講演と討論、企業訪問と討論、外部でのビジネスセミナーへの参加などを通じて、日本企業への多面的な理解を深める実践的な科目です。国籍が違う学生たちがテーマごとのグループに分かれて、最終的には各グループのテーマについてプレゼンテーションを行います。そして、これらすべてが英語で行われます。ここではその一部の授業を紹介します。

講義：日本企業はユニークな「メンバーシップ型」、世界は「ジョブ型」

1回目の授業は私が「日本企業の人事管理システム」について講義したので、冒頭の続きの様子をお伝えします。

今回のテーマとも関わるので、ここで少し私の自己紹介をしたいと思います。私は慶應義塾大学在学中にアメリカのボストン大学に、卒業後すぐにミシガン大学の公共政策大学院に留学しました。ちょうどみなさんと同じ専攻ですね。アメリカ留学中にアジアに関心を持ち、中国でインターンシップをして、大学院卒業後は中国・北京の北京語言学院（現・北京語言大学）で中国語を学びました。

そして大学時代の同級生より4年遅れてやっと日本に帰国して、なんとか日本の政府系機関に勤めることになりました。その間北京の清華大学に派遣されて経営学と中国語を学んだあと、中国やアジア新興国の経済・ビジネスに関する調査をしていました。中でも、日系企業における中国人の人材マネジメントに関心を持っていて、それは今回の日本企業の人事管理システムの話とも関連しています。なぜ日本企業で外国人材が働くのが難しいのだろうというのが、私の疑問の始まりでした。

その後、フリーランスとして独立して外資系企業の顧問を務めると同時に、東京大学で特任研究員として教育研究に携わり、事務所を設立してグローバル人材育成のアドバイザリー・研修業務などの実務を経て、今に至ります。様々な組織や形態での働き方を経験して、個人的にも今後の日本での働き方がどうなるかに関心を持っています。

先ほどは日本企業のイメージについて話してもらいました。それでは、日本企業と欧米企業の人事管理システムの主な違いは何でしょうか？

労働政策など労働問題の専門家である労働政策研究・研修機構の濱口桂一郎所長は、著書の『若者と労働「入社」の仕組みから解きほぐす』（中公新書ラクレ）で、日本企業は「メンバーシップ型」、欧米企業は「ジョブ型」と分類しています。濱口氏によると、「メンバーシップ型」は、仕事ではなく人がベースになっています。例えば、「あなたの仕事は？」と聞かれた時に、「○○社で働いています」という答えが先に来ます。入社してからの業務や配属は明確になっておらず、その人のポテンシャルを見て採用し、採用後に育成していく形です。ですから、大学での専攻と入社後の業務には必ずしも関連性はありません。大学で法学部を卒業した人が銀行で働くのは日本ではよくあることですが、海外の人に話すとびっくりされます。でも、それはこういう仕組みからなのです。

それに対して、「ジョブ型」では人ではなく仕事がベースになっています。先ほどの質問に対しても、「経理の仕事をしています」というように、どういう職種の仕事をしているかを答えます。入社後の業務は明確で、それにマッチする即戦力になる人材を採用するという形です。そのため、大学での専攻やインターンでの経験と応募する職種は密接に関連しています。よく欧米企業は「就職」で、日本企業は「就社」（濱口氏は「入社」と表現）と言われますが、まさにそこが大きな違いなのです。

では、日本企業にはどういう風に入社する（メンバーになる）のでしょうか？　写真でよく目にするリクルートスーツ姿の若者たちを見るとわかるように、基本的には「新卒一括採用」が毎年3年生の3月頃から始まり、数か月の就職活動を経て次の年の4月から入社します。これは日本人にとっては当たり前の光景ですが、みなさんにとっては不思議な世界かもしれませんね。

ここでオーストラリア人のエラさんがコメントしました。彼女は、日本に何度も短期留学やホームステイで来ている日本通です。「私は以前、日本の商社で働くことに関心があり、オーストラリアで開催された日本のキャリアフォーラムに行ったことがあります。会場に入ると、スーツを着た日本人が大勢いて驚きました。一緒にいた友人はカジュアルな服装で来ていて、ちょっと恥ずかしいと言っていました。主に海外で学んでいる日本人学生の採用が目的とわかったのですが、日本の新卒一括採用はこういう仕組みなんだと知って驚きました」。

確かにオーストラリアや欧米では、新卒の学生を定期的に大量採用するという習慣はないですね。新卒も中途採用の人も、基本的に職種や業務内容が明示されたポジションに履歴書（レジュメ）を送ることで応募するというシンプルな形です。また、クラスには中国から来ている留学生もいますね。中国でも確かに大学生は一定時期に就職活動を始めますが、企業には毎年、新卒学生を何人採用するという明確な採用枠というものはありません。また、大学での専攻が業務と結びつくという意味でも「ジョブ型」に分類されると思います。おそらく世界の中でも日本だけが、このユニークな「メンバーシップ型」という仕組みを採用しているのです。

次に「メンバーシップ型」企業の人材育成についてお話ししましょう。人的資源管理を研究する慶應義塾大学の八代充史教授は著書の『人的資源管理論【理論と制度】』（中央経済社）で、育成のための教育訓練は、「仕事を離れた訓練（ＯＦＦ－ＪＴ）」と「仕事に就きながらの訓練（ＯＪＴ）」の2つに分かれるとし、前者は新入社員教育などの集合教育、資格取得援助など、後者は企業が訓練を意図して従業員に仕事をさせることなどを指すとしています。

こうして新卒で一括採用された社員は、専門性を問わないで採用しているため、基本的に社内で育成します。その基本が、入社後の集合研修とＯＪＴの2つになります。集合研修は新入社員のみが集まる形で一定期間行われます。その後部署に配属されると、ＯＪＴを通じて業務を学んでいきます。ＯＪＴは、新入社員や未経験者に対して、日常業務を通じて行う教育訓練のことです。通常、上司や先輩などが担当者となって指導します。また、広い意味でのＯＪＴには、社員の能力開発を目的として行われる人事異動も含まれます。これには部署間の異動も含まれ、様々な業務を経験することを狙いとしています。

変わる「年功序列」「終身雇用」の仕組み

日本企業の特徴としては、先ほどお話しした「新卒一括採用」以外に、「年功序列」「終身雇用」「企業内組合」があります。アメリカの経営学者のジェームズ・C・アベグレンは、著書『日本の経営』(ダイヤモンド社)でこれらを総称して、三種の神器と呼んでいました。これについてはみなさんからも冒頭にコメントがありましたね。「年功序列」制度は、一般的にその会社での就業期間に応じて賃金が上昇する仕組みのことを言います。基本的に「終身雇用」ということで1つの会社で働き続けることを前提にしていたので、会社に長くいればいるほど賃金が上がるというシステムです。

その仕組みを賃金と生産性の関係で説明するとこうなります。入社したての頃は、まだそれほど専門性がなく育成されている状態なので、本人の生産性よりも高い給与をもらいます。その後、20代~30代の若年層では、生産性に対し、低い賃金で働きます。その背景には、「年功序列」と「終身雇用」があって、50代~定年までの中高年層で、生産性よりも高い賃金を受け取れるような仕組みになっていたことがあります。また、「企業別組合」は欧米にもありますが、欧米では産業別労働組合が労使交渉での影響力を持つのに比べ、日本では企業別組合が主体となって会社側と交渉を行うことが特徴とされています。

高度成長期には機能していたこの仕組みですが、こうした仕組みは今では崩れてきています。福島創太氏の著書『ゆとり世代はなぜ転職を繰り返すのか?――キャリア思考と自己責任の罠』(ちくま新書)によれば、20代～30代であっても転職を望む若手社会人は増えています。20代の社会人は入社から3年で3割程度退職すると言われています。この割合自体は以前からそれほど変化していませんが、かつては本人の希望と実際の仕事とのミスマッチがあるかモチベーションが低い社員が辞める傾向にあったのが、最近は優秀で成長意欲の高い社員も辞める傾向にあるとも言われています。

転職を前提に職種に応じた採用を望む人も増えています。人材総合サービス大手のディスコが2019年に入社1年～3年目の若手社員に行った「若手社員のキャリア満足度調査」によると、職種別採用が望ましいと考えるのは約4割(42・9%)で、職種を限定しない採用が望ましいと考える社員(23・3%)を大きく上回りました。

また、企業の対応にも変化が見られます。みなさんのような留学生を含め、海外からも人材を獲得しなければ生き残っていけないという認識が徐々に広がってきています。海外人材の獲得にあたっては、通年採用などより柔軟な採用活動を求める声も経団連などから出ています。

しかし、本当にそれがいいのでしょうか? 答えを出す前に、一度日本企業のマネジメントの中で何が強みで何が弱みか、日本の社会はどのような制度を求めているのかを整理することが必要なのではないでしょうか。私は日本企業の変化の必要性は強く感じていますが、単純に欧米の方式を取り入れるだけではうまくいかないとも考えています。なぜなら、この問題は企業(雇用者)のみの問題ではなく、社員(被雇用者)、大学などの利害関係者を含めた社会全体での合意がなければ上手く機能しないからです。

社会学の研究者である慶應義塾大学の小熊英二教授は、著書『日本社会のしくみ 雇用・教育・福祉の歴史社会学』(講談社現代新書)で、日本の特徴として、「企業を超えた横断的基準やルールがない」ことを挙げています。そのため、企業を超えた流動性が生まれにくいということです。日本には、企業の枠にとらわれない「職務」の市場価値、企業横断的に通用する資格・学位、企業を超えた職業組織・産業別組合がないという指摘です。欧米では、横断的基準が職種別労働組合・専門職団体の運動によって形成されてきました。

日本企業、特に製造業の強みは社内への人的資本および暗黙知の蓄積でしたが、人材の流動性が高くなると今後どうその強みを維持すればいいのでしょうか? 成長産業がITやソフトウェアにシフトする中、日本企業は「ジョブ型」に移行すべきなのでしょうか? 「メンバーシップ型」には良さはないのでしょうか? または、日本型でも欧米型でもない第3の道があるのでしょうか?

これは非常に大きな問題で答えはありません。みなさんはこれから、様々な日本企業で活躍するリーダーたちが参加する講義に何度も参加することになります。多様な分野で働く日本のビジネスパーソンによる講義や対話を通じて、自分なりの結論や提案をぜひ考えてみてください。今日の講義はこれで終わりますが、質問がある人はどうぞ。

問：「はい、インド出身のサティシュです。業務が決まっていないそうですが、そうすると何をやっていいかわからないですよね。実際どうやって仕事をするのですか？」

九門：ジョブ型でいうジョブディスクリプション（職務記述書）のようなものはありませんが、その社員の「役割」は緩やかに決まっています。ですから、上司や先輩とどういう役割で仕事をしていくかという点について相談しながら進めていくことになります。

問：日本企業はどうやってリーダーを育成しているのですか？

九門：大きく分けると、日本はＯＪＴ中心で、欧米はＯＦＦ－ＪＴ中心です。日本企業は人事部門が集権的に人事を管理して、新卒一括採用、ローテーション、内部人材育成までを行っています。このジョブ・ローテーションを通じて、様々な企業内の部門を経験し、管理職やリーダーになっていきます。こうした実務を通じた育成が中心のため、伝統的に幹部研修は少ない傾向にありましたが、最近はリーダーの早期育成の重要性が理解され、徐々に変化してきています。

いかがでしたか？　これを読まれた経営層の方や人事部門をはじめとするビジネスパーソンの方は、なんだ人事・組織の基礎の基礎じゃないかと思われるかもしれません。確かにそうです。しかし、私がここで言いたいのは、「この内容をわかりやすく外国人社員に説明して理解してもらっていますか？」ということなのです。なぜなら、私は数多くの外国人社員の方々と話していますが、口を揃えて「自分の会社の人事・組織の仕組みがどうなっているのかよくわからない」と言うからです。毎回の授業で留学生のニーズを聞くと、この日本企業の人事・組織の仕組みを知りたいという声が最も多いのです。

実際に、この分野を専門としている人材業界の方や企業人事の方に外国人向けに話してもらうこともありますが、いざ質問が出ると、「うーん」と唸って答えられなくなるのです。なぜなら、私たちにとってはこの慣行が当たり前過ぎて、深く考えたことがないからです。

ですから、少なくとも入社前後にこういうことを説明して理解してもらうこと、そして意見があれば聞いた上で改めて説明していくことが必要なのです。とても面倒な作業に感じられるかも知れませんが、若手外国人社員に話を聞いていると、「そんな説明をされたことはないです」と言い、この仕組みは自分に合わないと1年経たない内に辞めてしまう同僚も多いと言います。私はジョブ型をイメージして入社する外国人社員に、メンバーシップ型の特徴を理解して働いてもらうほうがお互いに働きやすく、社員の引き留めにもつながると考えます。

講義：海外学習者比率が6割を超え、世界50超の国・地域に広がる公文式

第2回目の「日本産業論」では、株式会社公文教育研究会を留学生が訪問して、企業の現場で講義を受けました。留学生の大半は日本企業を実際に訪れるのは初めてで、みな強い関心を持っていました。公文教育研究会広報部の高橋清光氏が講義をしました。公文教育研究会は教育産業というサービス産業でありながら非常に早い時期から海外展開をしており、今や学習者の6割以上が海外という隠れたグローバル企業です。高橋氏は、公文教育研究会の企業理念に基づいた教育メソッドの特徴と、グローバル展開の状況について説明しました。

九門：みなさん、こんにちは。ウェルカムトゥマイカンパニー（笑）。私の名字「九門」は英語で書くとこちらの「公文」と同じ「Ｋｕｍｏｎ」なので、よく海外に行って話をすると、「もしかしてあの公文式の経営者のご子息ですか？」というようなコメントを真面目にもらうことがあります。残念ながらもちろんそうではありません。もしそうであれば、私はここで教

えていないかも知れません（笑）。しかし、こうして間違えられるほど「Ｋｕｍｏｎ」は世界で認知されているのだと感じます。本日は企業の方々からお話しいただき、たっぷり時間をとって質疑応答もしていただきます。それでは、よろしくお願いします。

高橋：みなさん、こんにちは。まず、公文の概要と公文式学習の特徴を説明します。公文式は１９５４年に高校の数学教師であった公文公（とおる）が、当時小学2年生の息子に自学自習形式の算数・数学の教材を作成したことから始まりました。息子の毅（たけし）は毎日30分その教材で自習したところ、驚くことに6年生にして数学の微分・積分を学習できるレベルにまでいたりました。そこで、１９５８年に公文公はこの学習法をより多くの子供たちに提供するために大阪に事務局を設立しました。これが公文教育研究会の始まりです。

そして、学習者は国内外に増えていき、現在は世界55の国と地域（２０１９年8月時点）に展開しており、２０１９年3月時点では63％が海外における学習者となっています。初めての海外教室は、１９７４年にニューヨークに開設されました。（日本人の）海外駐在員の家族から子供が海外でも勉強できるようにしてほしいという要望があったことがきっかけです。最初に学んでいたのは主に日本人でしたが、その学習効果を見て口コミで広がり、徐々に現地の子供も学ぶようになってきました。

数学で「自学自習力」、「学年を越えた」学習でソフトスキルを身につける

次に、公文式学習法の特徴をお話しします。学習者は週2回教室に通い、異なる年齢の子供たちが同時に学習します。それぞれの学習者は各自の教材を完成させ、もし間違いがあれば正解するまで問題を解き、最後に家庭での学習のために毎日宿題が出されます。

特徴は、5つあります。1つ目は、個人別・学力別学習です。学習者の年齢や学年にかかわらず、指導は個別に行います。また、年齢や学年にとらわれず、一人ひとりの力に応じた「ちょうどの（レベルの）学習」です。

2つ目は、自学自習で進むことです。学習者は教材を自分で読み、わからない問題について自分で考え、解き進んでいく「自学自習」形式で学習を進めていきます。この自学自習を通じて、学習者は自信や自己肯定感を培っていきます。

3つ目は、学年を越えて進むことです。学校の学年より2~3年進んだ内容を学習することは、学校での勉強に役立つだけではなく、自主性、積極性、挑戦力など他の大切な能力を伸ばすことにもつながります。

4つ目は、スモールステップの教材です。公文式の教材は、やさしい問題から高度な問題へ、非常にきめ細かな「スモールステップ」で構成されています。ですから、常に一人ひとりにあ

った「ちょうどの内容」を、自学自習できるようになっています。

最後に、公文の指導者の役割です。それぞれの学習者の可能性を引き出すために、指導者は学習計画を立て、教材を個々の学習者のために準備し、学力や個性を把握した上で、「ちょうどの学習」ができるようにサポートします。

世界各国の指導者自身も学習する様々な機会が与えられています。例えば、学習者の指導事例を通じて指導者同士が学び合う機会があります。他の教室を10名程度の指導者が見学に行き学習者の指導事例から意見交換したり、1年に1回、世界各国から参加できる研究大会が開かれます。世界各国で共通した教材と理念に基づいて実践しているので、世界各国の指導者同士が学び合うことができます。

これで私の話は終わりです。ありがとうございました。次に、タイ出身の社員、ジェーンさんが仕事についてお話しします。

アジア5か国出身のメンバーと日本で働くタイ出身社員

ジェーン：みなさん、こんにちは！　私は担当しているKumon English Immersion Activity（KEIA）の内容、そして私自身についてお話したいと思います。私は広報部のグローバルネットワークチーム（GNT）で働いています。8人のチームメンバーがいますが、何か国から来ているかわかる方いますか？　恥ずかしがらないでいいですよ（笑）。「7か国」、いいですね。他には？「5か国」、すごいですね。私たちのチームをよく知っているに違いないです。そうです、5か国です。では、どこの出身かわかりますか？「アジア」、確かにそうですね。国で言うと、シンガポール、ミャンマー、ベトナム、タイになります。このメンバーはみな日本で働いています。

高橋さんは、世界各国の教室や指導者が私たちとどう実践しているかについて話してくれました。そこで、私からはGNTのミッションについて話します。私たちの活動は日常教室での学習とは違います。GNTは、子供たちに英語でコミュニケーションをとれる場を提供し、子供たちがお互いに学び、違いを受け入れることを目的としています。英語でコミュニケーションする自信を持ち、様々な国の人たちと手を携えて地球社会に貢献できる人材に育ってほしいとの願いをこめて開催しています。

この中にはいくつかプログラムがあります。ちなみに、Immersion（イマージョン）とは「どっぷり浸る」という意味で、これらのプログラムは文字通り英語にどっぷり浸かって英語の楽しさを知り、自信をつけてより高い目標に向かっていけるようにするということです。

まず、EID（イングリッシュイマージョンデイ）は公文式教室で英語を学ぶ小学生を対象に、英語イマージョン活動の1日版（5時間程度）を実施するものです。これを通して自信をつけてもらいます。次に、EIC（イングリッシュイマージョンキャンプ）はそれより長い6日間のもので、子供たち（小学3〜6年生）は世界各国から集まった学生キャンプリーダーやスタッフたちと、英語での共同生活に挑戦します。その後、海外ツアーやグローバルネットワークイニシアティブ（GNI）などのプログラムがあります。2018年は海外ツアーとしてインドネシア、2017年にタイを訪問しました。

ここまでは私の仕事の話をしましたが、これからは私自身についてお話しします。この中でどれくらいの人が日本で就職活動をしようと思っていますか？ 手を挙げてください。けっこう多いですね。私自身も大分県の立命館アジア太平洋大学（APU）という大学に留学していました。私も同じように、留学後、日本で就職するか、タイに帰るか、大学院に行くか悩んでいました。でも、日本で働くには自分の日本語はそこまで上手でないな、と思っていたところ、公文がキャンプリーダーの経験がある外国人を募集していることがわかりました。それで公文に入社して6年目なのですが、仕事を通じた経験や成長について2つお話ししたいと思います。

まず、2008年に私はキャンプリーダーでした。（写真を見ると）あまり変わってないでしょう？（笑）その時キャンプに来ていたある少年はとてもシャイでしたが、10日間一緒に過ごすうちに徐々にオープンになっていきました。この変化を見ることができたのは私にとっては良い経験でした。そして、公文に入社後に、その少年が自信をつけて英語をもっと上達させたいと思い、米国に留学し、現在ＩＣＵの大学生で、今度はフランスでフランス語とワイナリーについて学び、多様な人々と共に働こうとしているという話を聞きました。それを聞いて私はとても幸せな気持ちになりましたが、２０１９年になんとその少年に再会することができたのです！　もし私が公文に入ってここにいなかったら、彼に再会して公文のコアバリューである地球社会に貢献できるような個人の成長のサポートが現実になっていることを知ることはできなかったと思いました。

２つ目は、90か国以上の世界各国の多様な人たちと一緒に仕事ができ、私自身が成長するマインドセットを持って仕事をできているということです。その中には子供だけではなく、みなさんのような大学生もいます。キャンプリーダーとして、また子供たちと働く中で、私自身が今までだったらこのやり方が正しいと思っていたのですが、それが１つではないということがわかり、とても成長したと実感しています。

それでは、私の話をこの辺りで終えたいと思います。ありがとうございました。

九門：みなさん、とても有益で示唆に富んだお話をありがとうございました。ここからの進め方ですが、前にお話ししたように、４つのリサーチグループに分かれて今の内容について議論して、質問を考えてください。グループは、「日本での外国人採用と職場のダイバーシティ」、「日本企業の人材マネジメントシステム」、「日本企業のグローバル展開」、「イノベーションとデジタル化」で、みなさんの関心や国籍などを含めたダイバーシティを考慮して分けてあります。最終日のプレゼンテーションに向けて、必要な情報や仮説を検証するためにゲストの方に質問をしてもらいます。

グローバル展開では世界共通の教育メソッドが評価

問（フランス人）：今日はとても興味深いお話をありがとうございました。まず今日の講義へのコメントですが、公文式ではそれぞれの子供の「違い」を認めている点や学習の目的が入試ではないという点が、伝統的な日本企業と違うという印象を受けました。質問ですが、私たちは日本企業のグローバル化に関心を持っているので、公文のグローバル展開におけるローカル戦略についてお聞きしたいです。新しい海外市場に展開していく際は、知名度や馴染みがある教室に親は行かせたがるのではと考えます。こうした現地での競争が激しく市場参入が難しい状況の中、公文はどのように新たなローカル市場にアクセスしたのでしょうか？　またどのような戦略を持っていますか？

高橋：海外の方々から教室開設の要請は多くいただきます。海外展開を考えている指導者の方針が、会社の企業理念や方針と合うかどうかの価値観の一致が大事で、その上で市場が広がる可能性をマーケティング的に検討します。その際、公文の日本本社が現地の地域本社とも連携して展開エリアなど各国の市場を調べ、持続的に教育を展開できるかについて現地の教育事情や地域性などを調べます。一方で、住んでいる人のほうがそのエリアの事情をよく知っていることも多いので、指導者からも情報を得ます。

問：各教室にはどれくらいの裁量が与えられていますか？

高橋：まず、日本では公文はフランチャイズ契約を導入しています。事業主である指導者が会社にロイヤルティを払い、それに対して会社は指導者に教材や指導法などを提供しています。これは海外の教室でも同じであり、同じ公文の名の下、必ず公文の教材を使うことになっています。指導者は、一人ひとりの学習者のレベルに適した公文の教材を提供し、個人別に指導します。また、各教室での学習者の募集活動などや教室の運営の仕方は指導者の裁量であり、マニュアルはあるものの、教室に合わせて応用できるようになっています。

受講生：ありがとうございます！（日本語で）

九門：先ほどのグローバル化に関する質問に関連して、1つ教えてください。ローカライゼーションの程度について知りたいと思います。世界共通のユニバーサルな教材・メソッドを導入しているということですが、地域ごとの特色はあるのでしょうか。また、何故ユニバーサルメソッドを導入したのでしょうか。例えば、食品や電化製品などであれば、その地域に合わせて味や機能などを変えることも多いですが、世界共通にする意義について教えてください。

高橋：創始者の公文公は、もともと自分の息子のために現在のプログラム教材を作り上げました。まず高校数学を分析し、そのために必要な知識を洗い出しました。そしてその知識を得るために必要な知識は何かと、高校、中学校、小学校と逆算方式で様々な段階で必要な内容をまとめました。そして日本で開発したものと同じ教育法を通じて、各地域の指導者が個人別指導を実践したところ成功したため、現在も続けています。もし地域ごとに特色を出し、現地化していたら逆に成功していなかったかもしれません。1つの共通した教材を活用し、指導法を熟知した指導者が、「ちょうどのレベル」を見極め、個人別指導を実践したからこそ、成功したとも言えます。

問：この世界共通の教育メソッド自体がグローバルに競争力があるものだというエビデンスはどこにあるのでしょうか？

高橋：１つ言えるのは、世界で４００万人以上（２０１９年６月現在）という学習者の人数の広がりです。つまり、メソッドの質が評価された結果として世界で学んでいただく学習者数が増加しているということだと考えます。

もう１つは、自学自習力が身につくということです。つまり、数学を教えているというよりも、数学で自学自習力をつけているということなのです。毎日の学習を通じて子供たちが自分で夢を描き、それを達成するように育っていくということです。日本では大学との共同研究などを通じて、客観的な分析をしていただく事例も増えています。

また学習者へのアンケート調査で明らかになっているのは、高い基礎学力はもちろん、それ以上に自学自習力への学習者自身の評価です。公文は学校のテストの点数を上げることや補習のためではなく、根本的な教育を通して人の成長を担っていると考えています。

教材は世界共通だが、指導法は海外からの逆輸入も

問（イタリア人）：ＳＴＥＭスキルや、プログラミングなどの重要性は増していますが、現在

の教材には含まれていますか。また、取り入れる予定はありますか。

高橋：公文の学習内容には取り入れていません。この教育法は実践からスタートしており、教育の本質を担っていると考えています。人の成長を導くためのシステムであるため、形式は今と同じものを貫いていく予定です。

問（オーストラリア人）：高橋さんの講義が特に印象的でした。私たちのグループはみな母国で公文を知っていましたし、みな公文のブルーロゴを知っています。ですから、グローバルなブランド戦略は上手くいっているのではないかと思います。質問としては、公文はどのように指導者を募集していますか？　社内から推薦するのか、または外からヘッドハントするのでしょうか。

高橋：地域ごとに公文の教室があり、採用担当の社員が指導者向けの説明会を開きます。そこで会社のミッション等を語り、目指すところを共有し、運営・システム等について伝えます。また、指導者になる上でテスト・面接を数回行って価値観の合致を確認し、研修を行います。より多くの社員・指導者に会っていただくことで、それを通じて指導者になりたいと思っていただくことも大事です。

問（インド人）：指導者の国際競争力をどう保証していますか。

高橋：公文は学ぶ集団です。日本と海外の交流や学び合いの機会を数多く設定しており、お互いから学ぶことを後押ししています。現在では海外の指導法が逆に日本に還流する現象も起こっており、そこから日本の指導者も学べる状態にあります。国によって指導方法は様々ですが、全ての社員・指導者同士の学び合い・指導方法の相互循環によって、教育の質が総合的に上がっているということです。

問（中国人）：ジェーンさんに質問があります。創立から60年あまり経った日本の会社で働くことはどういう印象ですか。

ジェーン：日本企業に対して、色々な印象を持っている方もいると思いますし、私自身も入社前は本当に企業にフィットするかとても心配でした。しかし、会議やブレーンストーミングの機会は多くありますし、チームメンバーが意見を聞いてくれなくても、必ず上の方で聞いてくれる人がいます。トレンドは外国人社員や多様性を受け入れる方向に変わっています。ただ、日本人社員に対して外国人社員と働くための研修がないなど、問題は残っています。多様な人たちと一緒に働くとお互いストレスを感じることもありますが、外国人との接触頻度が高まっていく中で、より多様性を受け入れ、違いと折り合うように変わっていくでしょう。

九門：欧米では、最近になってグリット（やり続ける力）などソフトスキルの重要性が謳われていますが、まさにこうした学習の仕組みを通じて、基礎学力はもちろん、ソフトスキルが培われているということなのではないでしょうか。

留学生が日本を選ぶ理由は、「安・近・住」と「文・課・技」

東大の赤門をくぐろうとすると、「一、二、三、茄子（イー、アル、サン、チエズ）」と中国語が聞こえてきて、何人かで楽しそうにポーズを取って写真を撮っています。これはもう珍しい風景ではなくなりました。東大に通う中国人の両親が中国から来て案内していることもあれば、観光客が東大構内で写真を撮っていることも多いです。ちなみに、「チエズ」は野菜の茄子のことですが、「チーズ」に発音が似ているので写真を撮る時によく使われます。また、他にも英語はもちろんのこと、最近は東南アジアの言語も耳にするようになりました。

しかし、これほど多様な留学生がなぜ日本に留学するのでしょうか。優秀な留学生は日本にはあまり関心を持たず、欧米に留学すると思う方もいるのではないでしょうか。確かに欧米圏の一流大学や大学院に留学したい学生が多いのは事実ですが、日本に様々な魅力を感じて来日

【図1】外国人の留学目的(外国人社員アンケート及び留学生アンケート)

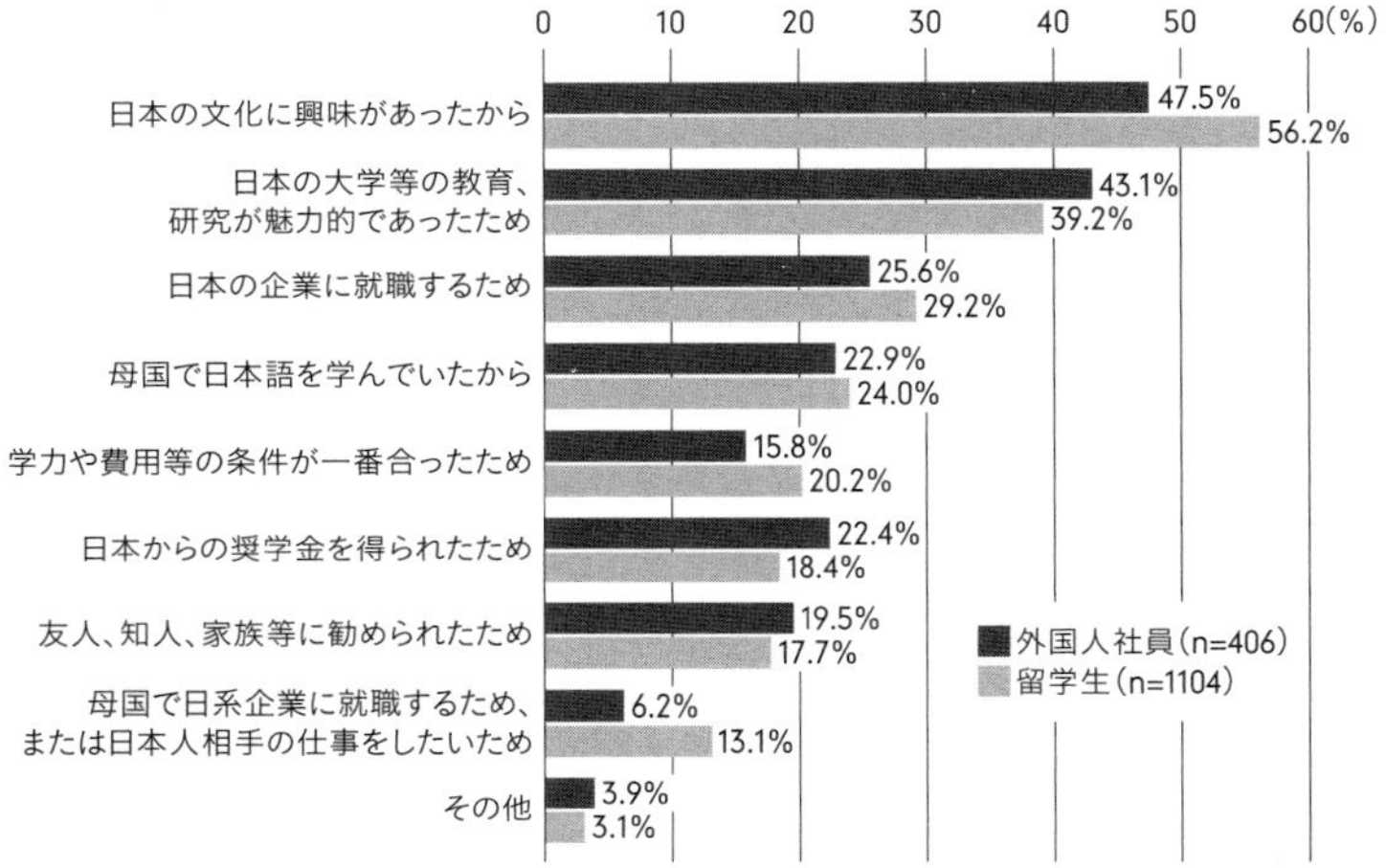

出所:平成26年度経済産業省委託調査(2015)「平成26年度産業経済研究委託事業(外国人留学生の就職及び定着状況に関する調査)報告書」(以下、経済産業省(2015)とする)

する留学生は数多くいます。

まず、第1の理由は日本文化が好きということです。経済産業省が企業、外国人留学生、外国人社員を対象に2014年度に実施した調査によると、日本への留学目的として「日本の文化に興味があったから」(56・2%)を挙げた留学生が最も多かったです。次に、「日本の大学等の教育、研究が魅力的であったため」(39・2%)、「日本の企業に就職するため」(29・2%)となっています(図1)。

文化といっても、伝統文化だけでなくポップカルチャーが人気です。そして、こうしたアニメやドラマなどをきっかけに日本語を学び始めることが多く、クラスを受講していた留学生に聞いてもやはりこうした声が目立ちました。

林欣怡さんは、中国の上海出身の穏やかで良家の子女といった雰囲気の女性です。好奇心旺盛で、「食べることが好きなので、将来お金を貯めてお菓子作りの専門学校に通いたいです。パティシエにも憧れますが、実際仕事にするのは大変そうなので」と話します。辻調理師専門学校には実際に見学にまで行ったというから驚きです。

林さんは日本に興味を持ったきっかけについてこう話してくれました。「日本に行くのが高校からの夢でした。日本の推理小説やサスペンスドラマが大好きで、高考（中国の大学入試）が終わった後、1か月半くらいずっと家に引きこもって日本のドラマをＤＶＤで見ていました。ドラマだと、『トリック』や『池袋ウエストゲートパーク』『古畑任三郎シリーズ』などです。小説では東野圭吾や宮部みゆきなどを読んでいました」。普通はこの年代だと青春ドラマを見る人が多そうですが、彼女は日本語を習うのではなく、基本的に日本の推理サスペンス系ドラマで日本語を習得したと言います。もともと日本語専攻ではなかったのですが、日本に来る前に日本語能力試験1級を取得していた才媛です。

ドラゴンボールやポケモンが日本に関心を持つきっかけに

ソフィア・サントスさんは、ブラジルの地方出身の陽気で人懐っこい女性です。授業でもよく笑ってリアクションが大きく、ストレートな物言いも不思議と柔らかく聞こえます。日本に興味を持ったきっかけについて、『ドラゴンボール』、『セーラームーン』、『ポケモン』などのアニメの影響が一番大きかったです。ブラジルでは日系人の大きなコミュニティがあり、日本食レストランも多いので、日本に対してポジティブな印象を持っています」と話します。

彼女はこうしたアニメがきっかけで15歳から日本語をブラジルで学んでいて、文部科学省の奨学金を得て大学院で東大に留学しました。このように、日本のカルチャーがきっかけで日本語を勉強したという留学生も多く、「母国で日本語を学んでいたから（24%）」は先の調査で第4位に入っています。

「Hello, Prof. Long time, no see!（先生、お久しぶりです！）」と明るくよく通る声でZOOMの画面から迎えてくれたのは、以前の教え子のケン・リンさんです。日本で働いた後、サンフランシスコのベイエリアで働いていますが、コロナ禍のためずっと在宅勤務中だということです。大変な状況ですが、元気な様子で、おしゃれなサックスブルーのシャツを肘まで腕まくりして身振り手振りが大きく、いかにもアメリカ人という感じの人懐っこい米国生まれの台湾系アメリカ人です。在学中も活動的で色々なイベントに参加したり、日本人を含めた交流を積極的にしていて、話していると不思議と私まで元気になります。6歳までアメリカで過ごし、7歳〜18歳まで台湾在住でしたが、大学からアメリカに戻り、大学院でアイビーリーグの名門コロンビア大学の大学院に進学したエリートです。

ケンさんが日本に興味を持ったきっかけは、「台湾人のバックグラウンドがあるので、祖母は日本語を流暢に話していましたし、私も日本人を尊敬していました。子供の頃から、ちびまる子ちゃんを見て、週刊少年ジャンプを読んで、宇多田ヒカルの音楽を聴いて育ちました。でも、日本のポップカルチャーに特に関心があったわけではなく、日本のカルチャーが『日常生活の一部』だったんです」と楽しそうに話してくれました。以前は、日本のポップカルチャーフリークの人たちが一部いるというイメージがありましたが、今は多くの外国人の生活の一部として浸透しているのだと感じました。日常的に、日本のアニメやドラマが放送されていて、日本のポップスなどの音楽が聞こえてくるような環境があるため、自然に普段接しているカルチャーの国に関心を持つということでしょう。

中国の雲南省出身の李静さんは、日本のスタートアップ企業で働いています。もともとはイギリスの大学院に留学する前に日本語をふと思い立って勉強して、その後イギリスでダンスについて専攻しながら独学で日本語検定1級を取得したというから驚きです。彼女は日本にさらに興味を持ったきっかけをこう話します。「イギリスの大学院には色々な国の人がいて刺激を受けました。ちょうどその頃日本に一人旅をして、みな親切で色々な日本人と話しました。日本は欧米的な文化も混ざっていながら日本独自の文化を持っているのが面白かったです」

日本の大学・大学院での教育や研究に関心

2番目に多かったのが、日本の大学・大学院での教育や研究への関心です。日本人からすると、一般に日本の大学や大学院のレベルは世界的に見て高いとは思えないかもしれません。2020年のTHE（タイムズ・ハイヤー・エデュケーション）という世界の大学ランキングでも日本の大学でトップ100に入っているのは、東京大学（36位）、京都大学（65位）の2校のみで、慶應義塾大学や早稲田大学でも600位～800位の中にいる状況です。アジアに限ってもトップは中国の清華大学（23位）で、北京大学（24位）、シンガポール国立大学（25位）がそれに続きます。もちろん、こうした大学ランキングは基準が欧米の大学をベースに作成されているなど批判があるのは理解していますが、清華大学やシンガポール国立大学がアジアのトップ校なのに、なぜ日本の大学に関心を持つのだろうという疑問を私も持ちました。

タイ出身で医学系の博士課程で東京大学に留学していたケイさんに聞いてみたところ、「確かに現在のランキングでは中国やシンガポールの大学の方が上位ですが、それは最近のことです。タイや東南アジアの多くの国では、やはり東京大学は長らくアジアのトップ校に君臨していたという印象を持っています」と教えてくれました。ちなみに、中国人の間では「清華大学」「北京大学」はやはり最難関というイメージがあるようで、私が中国人留学生に自己紹介を中国語でする際に、「清華大学」に留学していたというと、「オー！」というどよめきが起こります。私は通常の中国人学生からすると留学なのでやや肩身が狭いですが、明らかに私に対する尊敬の念が増しているのを感じます（笑）。

東大以外の日本の大学でも留学生が増加

しかし、東京大学などトップ校は理解できるにしても、それ以外の大学でも留学生は増えています。これをどう説明すればいいのでしょうか。先の経済産業省の調査で、文系・理系別の理由を見てみると、その理由がよくわかります。理系の留学生は、「日本の大学等の教育、研究が魅力的であったため」（55・5％）が最多で、文系学生の3位（31・5％）とは大きく差が開いています。また、「日本からの奨学金を得られたため」（28・5％）も文系よりも高い比率となっており、日本の研究水準に魅力を感じて、かつ奨学金が得られるなら日本で学んでみたい留学生が多いということです。実際、私は北陸や九州の留学生を調査したこともありますが、地方の国立大学の大学院には理系の留学生が非常に多くいます。一方、文系の留学生で最も多かったのは「日本の文化に興味があったから」（57・6％）です。

インドネシアの地方出身のルディさんは、ZOOMの画面の向こうに黒ブチ眼鏡で今どきのおしゃれな若者という雰囲気で現れました。高校卒業後、日本の東京工業大学に奨学金を得て留学し、同大の大学院卒業後に機械メーカーに就職した社会人2年目の若者です。彼の祖父はインドネシアで家具用の木材工場を経営しており、日本のものづくりはすごいという話をよく聞かされていたと言います。彼は、学部から日本に留学しているだけあって日本語は非常に流暢で、画面を見ていなかったら日本人の若者と間違えるくらいでした。

ルディさんのように工学系の機械・電気などをはじめ、ものづくりに関連した技術に関心を持って日本に来るのは、主に東南アジアや南アジアの理系の留学生に多いです。インド出身のラージさんは、インドで高速鉄道に関する研究プロジェクトを担当していて、インド政府から派遣されている留学生です。長身で落ち着いた印象の彼ですが、授業では積極的に質問を続けます。彼は、「新幹線のような高速鉄道網が発達している日本で学びたいと思いました。また、日本の企業で求められるマナーや意思決定の仕組みについて学ぶことは、日印の国家レベルのプロジェクトを担当する際に役に立つと思います」と話します。ただし、日本の場合は技術でも、特に機械・電気系など製造に関わる専攻が人気です。最近需要が高まっているＡＩやデータサイエンスなど、コンピュータサイエンスやデジタル系の学科については、欧米に優位性があると考える留学生は多くいます。

しかし、文系で学ぶことに魅力がないということではありません。日本学生支援機構（ＪＡ

SSO）の「平成30年度 外国人留学生在籍状況調査結果」で、日本の留学生を文系・理系（理学・工学・農学・保健）で分けると、文系は83・8％、理系は16・2％と文系が大半を占めています。日本語学校で学ぶ学生を除くと社会科学系の専攻が多く、ここには日本が抱える社会課題や日本社会そのものへの関心も含まれるでしょう。

韓国出身のCさんは、学部から東京大学に留学したアクティブな女性で、日本語も英語も流暢に話すトリリンガルです。彼女は「現在日本では高齢化社会が進んでいますが、こうした大きな社会課題に日本がどう対応するかに興味を持っています。それは日本だけでなく、韓国を含め多くの国に共通した課題だからです」と言います。

「課題先進国」だからこそ学べること

「課題先進国」と呼ばれる日本ですが、社会課題の解決に向けて、高齢化や年金、交通インフラなどに関心を持つ学生は一定の割合で存在します。また、高度成長期に発展した日本企業について、その人材育成や雇用の仕組み、バブル崩壊後の対応や低成長期における政策対応について学びたいという学生もいます。

こうした日本社会のあり方そのものに関心を持つ留学生もいます。シンガポール出身のレイ・ウォンさんは、大学卒業後シンガポールの通商産業省で3年間働いたエリートです。話をしていても質問への答えが的確に返ってきて、とても論理的で隙がない印象です。

私はそんな彼がなぜエリート省庁を辞めて日本に留学したのか不思議に思って聞いてみました。彼は「2011年の311の時の東日本大震災の様子やその後の記事を見ていて、日本人のふるまいや社会について、困難な状況でもお互いを尊重する姿に『リジリエンス（回復力・しなやかな強さ）』を感じました」と言います。アメリカのハリケーン・カトリーナでの対応などを見ていると、大きな自然災害の時には通常大混乱が起きますが、日本は違っていたので興味を持ったというのです。元々日本語も学んでいたウォンさんは、「一度日本に住んで実際にこうした社会を体感してみたかったのです」と話します。

日本企業に就職したいと外国人留学生が考える理由

第3に多かったのが、日本の企業または海外の日系企業に就職したいという動機です。現状、中国は新卒大学生の3割が就職できないと言われるほどの就職難です。中国人留学生は日本の大学・大学院などに来る留学生全体の約4割を占めています。

ここで、中国における大学生の就職状況についてお話ししておきます。中国では、1999

年に政府によって大学数を増加させる方向に政策が転換されました。その結果、中国統計年鑑によると、大学数は2000年の1041校から2017年には2631校と2・5倍に増加しました。同期間の大学生数も増加を続け、2000年の556万人から2017年には約5倍の2753万人に急増しました。その結果、大学生の就職難が深刻化しており、社会問題になっています。中国の報道によると、大学卒業者は2018年に820万人とされています。うち未就職者が2割としても、164万人に上る数です。文部科学省によると、2018年の日本の大学卒業者数は56万5436人であり、中国では日本の3年間分の大卒者が全員就職できないほどの規模となっているということです。

日本の有名私大に留学して上海の日系コンサルティング会社で働く周若溪さんは、「日本に留学する人は、日本で就職して生活したい人が多く、中国に戻るつもりがない人が多いと感じています。もし私も日本語がもっと上手だったら、ずっと住みたいと思います」と話します。

一方、日本に大学院留学することで、帰国してより良い条件の職場を探そうとする動きもあります。周さんは、「日本の大学院への留学は欧米と比べて学費や生活費が安く、留学条件も厳しくありません。欧米の大学院では中国のトップ校の大学の学位を持っていることが求められることも多いですが、日本はそうでなくても入学できるので、中国で上位校に入れなかった人が日本で上位の大学院に入る流れもあります。そうすると、日本で働けなくても、中国でより良い企業に入れるチャンスが増えるからです」とたくましく語っていました。

また、ベトナムでも就職に向けて日本語学習ブームが起こっています。ベトナムのハノイ出身のグエンさんは、都内の国公立大学院を卒業して商社で働いています。取材の際は、恥ずかしがり屋で物静かな印象で、それほどキャリア志向ではなく日本でも秘書などを志望していたようです。日本語を勉強する理由をアニメや漫画と言う人もいますが、ベトナムではそれはきっかけの1つで、実際は日本語を話せると就職しやすく転職しやすいからだとグエンさんは言います。

ベトナムの日系企業は2018年12月時点で1848社（ジェトロ調べ）と急増していて、それに伴い日本語学校も増え、日本企業と連携しているケースも多い状況です。グエンさんに日本語を学び始めたきっかけを聞くと、「当時一番人気があったのは英語で競争率が高いので、日本語にしました。日系企業の進出も増えていて、親にも日本語を勉強すると仕事を探しやすいと言われました」と話します。

グエンさんはベトナムの大学を卒業して現地の日系企業で2年弱働きましたが、友人が日本に多く、日本で生活をしたかったので大学院留学を決めたと言います。ベトナムでの就職事情についても、「ベトナムで就職するには、英語より日本語がビジネスレベルで話せる人の方が就職しやすい印象がありました。ただ、学習者が急増しているので、今後は日本語に加えて専門知識などがないと難しいのではないでしょうか」と語ってくれました。

もっと戦略的にキャリア形成を考えている人もいます。特に英語がネイティブレベルの外国人の場合、日本語が話せてバイリンガルだと母国にいるより自分を差異化できると考えている人は多いです。アメリカ人と日本人のハーフの男性テイラー・ジョーンズさんは、ずっとアメリカで教育を受けてきましたが、2年半前に日本に来て外資系戦略コンサルティング会社で働いています。ZOOMの画面に現れたテイラーさんは、日本家屋の居間のようなところにいて、一瞬どこにいるんだろうと思いました。

「日本で働くことはキャリア形成にプラスになる」

話を聞いてみると、コロナ禍の影響で勤務先の会社もリモートワークになり、今まで住んでいた東京から福岡県に一時的に引っ越して、ゆったりした環境で自由に仕事をしているそうです。よく手入れされた口ひげに落ち着いた雰囲気で、30歳手前とは思えない大人びた印象でした。アメリカの大学はGPA3・9（満点は4・0）の成績で卒業したという秀才で、インタビューにもそつなく答えてくれました。

テイラーさんは、日本で働こうと思った理由について、「キャリア形成にプラスになるのが

1つの理由です。アメリカではバイリンガルの人が珍しくない上に、仕事を探す時の競争が日本と比べ物にならないくらい激しいです。でも、日本だとバイリンガルの人が少ないため、ドイツ支社が日本支社と組んでプロジェクトに参加する時に、私のようなジュニアレベルでも参加できました」と話します。

さらには、起業する環境はシリコンバレーの方が整っているかも知れませんが、「日本で起業する人はシリコンバレーより圧倒的に少ないので、競合は少ないですし、海外の起業に関する情報も少ないので、そのギャップを自分が埋めることもできると思います」と起業のチャンスについても語っていました。

欧米と比べて安価な留学費用

第4の理由として、安価な費用が挙げられます。長年のデフレの影響もあり、日本の大学の学費や生活費は欧米と比較して安価です。先の経済産業省の調査でも、「学力や費用等の条件が一番合ったため」「日本からの奨学金を得られたため」と回答した人は一定数いるのがわかります。また、欧米やシンガポールなどの先進国からの留学生も「日本は食事や生活費が安いです。日本では牛丼や定食を数百円で食べられますが、欧米ではランチが2000円くらいすることも普通です」と話します。

また、このアンケートの項目には入っていない項目で、良く話題に出るポイントについても触れておきます。1つは、日本が安全という理由です。フランス出身のピエールさんは、長髪でおしゃれな眼鏡をかけ、まるでパリのモンマルトルにでもいる芸術家のような印象です。インド料理を食べながら彼になぜ日本に来たのか聞いてみると、「欧州はフランスのデモやイギリスのEU離脱などで社会的に不安定になっています。日本は文化も好きですし、とても安全で住みやすいので永住したいです」と言っていました。こうした社会的安定や安全については日本に住んでいると気づきませんが世界的に見ると非常に良い点なのでしょう。

次に、「近」「住」というキーワードも日本に来る理由となっています。「近」は文字通り距離が近いということです。東大の中国人留学生の林さんは、「中国との距離的な近さも日本を選んだ1つの理由です。イギリスに留学も考えましたが、現地で働くのはビザの関係で難しく、距離が遠いので両親と相談して日本に決めました。将来的には両親を呼び寄せて一緒に住みたいです」と話します。こうした中国、韓国、東南アジアなどからの留学生にとっては欧米と比較して時差がほとんどなく、物理的に距離が近く、親も訪問しやすいなどのメリットがあるのです。

「住」は生活環境です。留学生や外国人社員に話を聞いていると、意外に日本に一度住んでみたかったという人が多いのに驚きました。なぜ住みたいのか聞いてみると、中国人学生は、「自然が豊かで空気がきれいですし、電車や地下鉄など社会インフラが整っていて便利です」と言います。あるシンガポール人学生は「コンビニが至る所にあって、自分の国とそれほど変わらないくらい便利で快適です。しかも、シンガポールより国が大きいので、出かける場所がいっぱいあって楽しいです」と話しました。

しかし、現在コロナ禍の影響で多くの留学生は日本に来ることができず、オンラインで授業を受けています。今後経済的な影響を受け、アジアなど新興国の中産階級が子供を日本に留学させることが難しくなることも考えられます。また、日本での新卒採用が抑えられることも考えられ、それも留学生には影響するでしょう。その点についてシンガポールにも滞在経験があるアメリカ人のレベッカさんに聞いてみると、「少なくとも欧米では、日本に行きたいという興味を持つ理由は大変ユニークです。例えば、シンガポールに来る欧米人はシンガポールを地図上では知っていても国について深くは知りません。しかし、日本の場合は確固としたイメージを持って来ます。『強い愛着』があるのだと思います」と言います。この強い愛着は「コロナ後も変わらない」と話してくれました。私もそう望んでいますが、コロナ禍が長期化する中で日本としても様々な対応が求められています。

第2章

なぜ留学生は「日本」で働きたいのか?

第1章の終わりで、留学生が「日本」で学びたい理由について、各国からの留学生の事例とアンケート調査などのデータから見てみました。先の調査の中で、留学目的の第3位に「日本企業に就職するため」という項目が入っていましたが、第2章では、なぜ日本で働きたいのかについて掘り下げていきます。

ちなみに、これは「母国で日系企業に就職するため」とは別項目として入っているので、帰国して現地法人で働くのではなく、日本で就職したいという項目だと考えられます。また、他の調査や私自身が調査や取材をする中で、実感としても就職したい留学生が相当数いると感じています。

私も最初は、日本に留学した留学生でも最終的には欧米や英語圏に行って働きたいのだろうと考えていました。しかし、その想定は見事に覆されることになりました。この現状を知ってもらうために、まず「外国人材の日本での採用と活用」についての授業の様子を紹介します。

講義：日本で就職を希望しても留学生の3割が就職できない現実

第3回の「日本産業論」では、私が「外国人留学生の採用と日本企業の課題」について講義を行い、留学生の日本での就職希望の状況と採用状況のミスマッチについて説明しました。

みなさん、こんにちは。3回目の「日本産業論」の授業を始めます。今日は「外国人留学生の採用と日本企業の課題」についてお話しします。今回の授業は、日本企業が外国人社員に求める資質や採用時の課題について、理解することが目的です。

法務省出入国在留管理庁によると、外国人留学生の日本での就職人数は増加傾向にあり、2018年の在留資格変更許可数は、前年比15・7％増の2万5942人と過去最高を記録しました。

出身国・地域で見てみると、中国（1万886人）、ベトナム（5244人）、ネパール（2934人）、韓国（1575人）、台湾（1065人）の順に多く、アジア諸国が全体の95・3％を占めています。伸び率ではネパール（44・8％）、台湾（31・5％）が急増しているのが特徴です。

しかし、日本学生支援機構（JASSO）の2019年の調査によると、2017年に日本での就職を希望する外国人留学生は約65％ですが、実際に就職しているのは32％程度となっています。これまでの推移を見ても全体の約3割の留学生が、日本で就職を希望しながらも就職できていないのが現状です。

コロナ禍だからこそ外国人材を獲得することが大事

しかし、これだけ日本で働きたい外国人が増えているということは、日本企業にとって優秀な人材を獲得する絶好の機会と言えます。このチャンスを活かさない手はないですね。厚生労働省の発表を基に在留資格別にみると、2019年10月末現在の日本の外国人労働者は、「身分に基づく在留資格（32・1％）」、「技能実習（23・1％）」、「留学を含む資格外活動（22・5％）」、「専門的・技術的分野の在留資格（19・8％）」となっています。

今回私がお話しするのは「高度外国人材（及びその卵）」と呼ばれる外国人についてです。「高度外国人材」とはどういう人材か定義はわかりますか？　経済産業省の発表資料「高度外国人材の採用・定着・活躍推進に向けて」（2019年2月）によると、「日本国内又は海外の大学等を卒業し、企業において研究者やエンジニア、海外進出等を担当する営業などに従事する外国人材」を想定。在留資格でみると、「高度専門職」や「技術・人文知識・国際業務」など、いわゆる「専門的・技術的分野の在留資格」で就業する外国人材と定義されています。ただし、「専門的・技術的分野の在留資格」のうち、2019年4月に創設された在留資格「特定技能」の外国人労働者は本書の議論から除くことにします。

ではみなさんは「高度外国人材」でしょうか？「そうだと思います！」とオーストラリア

人のエラさんが元気よく答えました。「そうですね、間違ってはいませんが、正確にはみなさんのような留学生はまだ卒業して働いていませんから、高度外国人材の卵ということになります」

では、みなさん日本に留学生はどれくらいの数がいるか知っていますか？「10万人」とフィリピン人のラモスさんが言うと、「100万人」メキシコ人のホセさんも負けじと声を上げました。「30万人は超えているのでは」とインドネシア人のケビンさんが落ち着いた声で意見を言いました。「ありがとう。その通り。正解は約31万人です」。実は日本政府は、2008年に日本のグローバル戦略の一環として、留学生30万人計画という政策を打ち出していて、2020年までに30万人の留学生を日本に受け入れようとしていました。

ケビンさんはこの政策を知っていましたか？「はい、確か以前留学生を30万人受け入れる政策があったと思ったので、もうそれを超えていると思っていました」。そうですね、実際2019年には31・2万人と30万人を超えました。しかし、当時2008年の留学生の数は12万人程度でしたから、そんな計画は無理ではないかと多くの人が思っていました。今これだけ多くの留学生の方々に来てもらって私も嬉しいです。

それでは、国・地域別で見るとどこの出身の留学生が多いでしょうか？クラスの中を見ればある程度わかるかもしれませんが、中国、ベトナム、ネパール、韓国、台湾などアジア地域出

【表1】留学生数の変化（国・地域別）

■ 2008年

順位	国・地域	留学生数	シェア
1	中国	72,766人	58.8%
2	韓国	18,862人	15.2%
3	台湾	5,082人	4.1%
4	**ベトナム**	2,873人	**2.3%**
5	マレーシア	2,271人	1.8%
6	タイ	2,203人	1.8%
7	アメリカ	2,024人	1.6%
8	インドネシア	1,791人	1.4%
9	バングラデシュ	1,686人	1.4%
10	**ネパール**	1,476人	**1.2%**
	全体数	123,829人	100%

■ 2018年

国・地域	人数	シェア
中国	114,950人	38.4%
ベトナム	72,354人	**24.2%**
ネパール	24,331人	**8.1%**
韓国	17,012人	5.7%
台湾	9,524人	3.2%
スリランカ	8,329人	2.8%
インドネシア	6,277人	2.1%
ミャンマー	5,928人	2.0%
タイ	3,962人	1.3%
バングラデシュ	3,640人	1.2%
全体数	298,980人	100%

出所：JASSO、「外国人留学生在籍状況調査結果」（平成20年度・平成30年度）より著者作成

身者で9割以上を占めています。このクラスはアジア出身の学生以外に、フランス、イタリア、アメリカ、ドイツなど欧米出身の人もかなりいますね。

日本学生支援機構によれば、日本で学ぶ外国人留学生の数は過去10年ほどで急増して、2019年には31・2万人と、過去最多を更新しました。教育機関の内訳としては、「学部・短大・高専」（9・3万人）が最も多く、これに「日本語教育機関」（8・3万人）、「専修学校」（7・8万人）、「大学院」（5・3万人）が続きます。

しかし、同じ基準で比較可能な2011年以降の急増は、主に日本語教育機関や専修学校（専門課程）の在籍者の増加によるものです。実は、日本語教育機関で学ぶ留学生数は

2011年と比べて2019年には3・3倍に、専修学校は同じく3・1倍に拡大しました。大学や大学院への留学生数も増えてはいますが、その伸びは緩やかです。また留学生の出身国・地域を見ても、2008年と2018年を比較すると中国の比率が6割弱から4割弱に低下し、ベトナム・ネパールの割合が急上昇しています。また、韓国、台湾、マレーシア、アメリカなど先進国や中進国の割合も低下しており、発展途上国からの留学が増えていることがわかります（表1）。さらに、コロナ禍の影響で今後の留学生数の推移は不透明な部分もあります。つまり、今後も高等教育機関と呼ばれる大学や大学院などに優秀な留学生が増え続けるということは考えにくいのです。しかし、国内市場が縮小している日本企業が海外展開する必要があり、日本でもイノベーションを起こすために外国人材が必要という環境は変わらないので、この機会を活かすことが大事なのです。

優秀な外国人に求める資質は日本語力？

それでは、こうした状況に対して企業はどのように対応しているのでしょうか。日本貿易振興機構（ジェトロ）の「2018年度日本企業の海外事業展開に関するアンケート調査」（2019）によれば、外国人の雇用について、外国人を雇用している企業（45・1％）、今後外国人雇用を検討している企業（17・8％）と、全体で6割強の企業が雇用中もしくは雇用を検討しています。大企業と中小企業を比較すると、大企業（82％）の方が中小企業（58・6％）よりも高い割合となっています。

一方、外国人社員の比率は、全体の4分の3の企業で5％以下とまだまだ低いため、今後の拡大余地は大きいと言えます。経団連加盟企業への「新卒採用（2014年4月入社対象）に関するアンケート調査結果」でも、新卒採用者に占める外国人社員の比率は75％の企業において5％未満となっており、日本を代表する大企業においても同様の傾向が見られます。

では、改めて質問しますが、何のために日本企業はみなさんのような外国人材を採用するのでしょうか？　「グローバル化を進めるためです」フィリピン人のラモスさんが答えました。「そうですね、確かにそういう面はあります。他にはどうでしょう？」「アジアなど海外展開を加速するためです」インドネシア人のケビンさんも声を上げました。「はい、先ほどのグローバル化とも関連しますね」「日本人とは違った意見を取り入れるためです」「それもあるでしょう。まだまだあると思いますが、少し説明します」

ディスコの2018年の調査によると、日本における外国人の採用目的は、文系・理系ともにトップが「優秀な人材確保のため」となっています（図1）。国籍に関係なく、優秀な人材が欲しいということなのです。文系は、次に「語学力が必要な業務を行うため」、「海外の取引

【図1】 外国人留学生を採用する目的

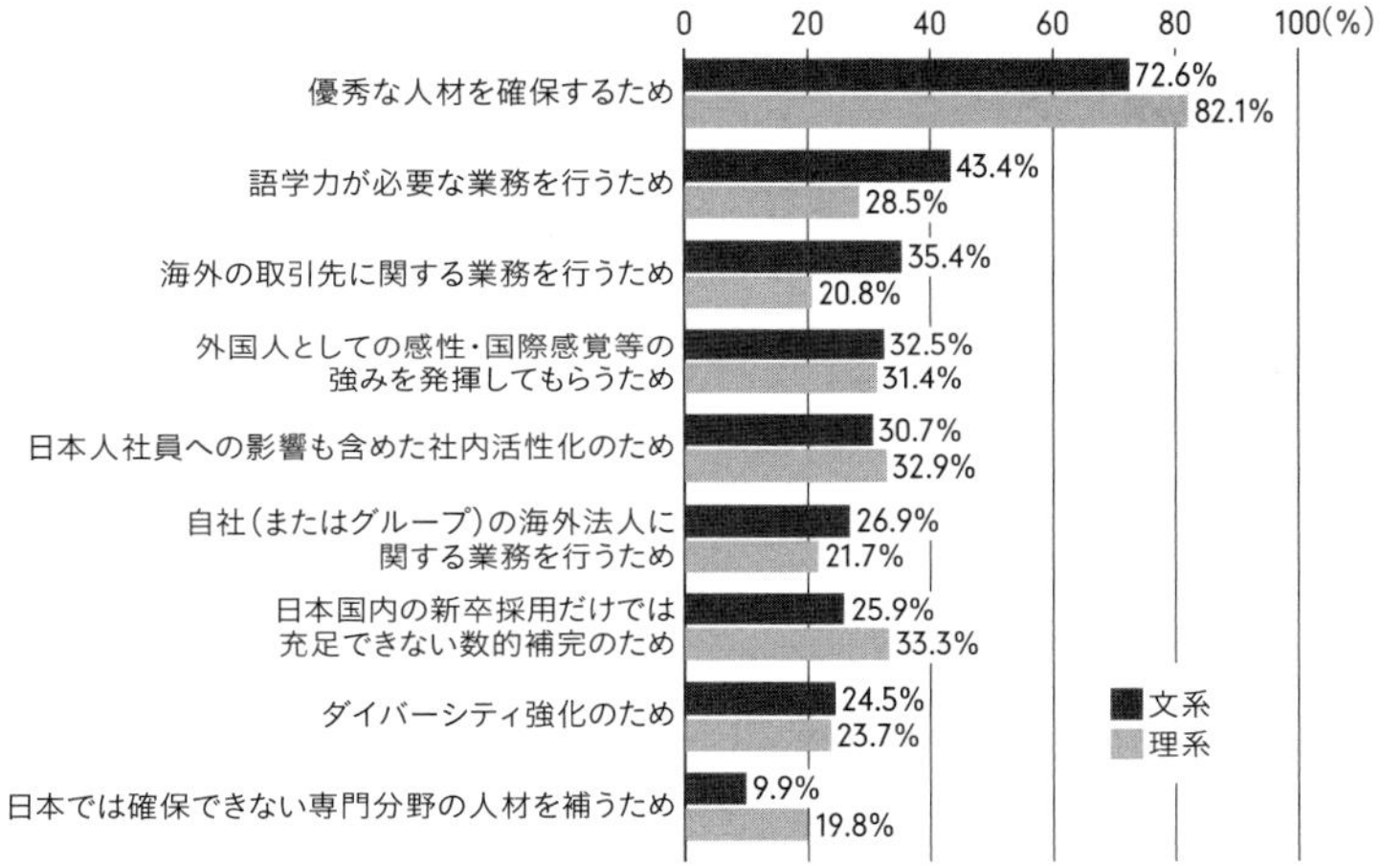

出所:ディスコ「外国人留学生/高度外国人材の採用に関する企業調査」、2018年12月調査(以下、ディスコ(2018)とする)

先に関する業務を行うため」、「外国人としての感性・国際感覚等の強みを発揮してもらうため」などが上位に入っています。理系は、「日本国内の新卒採用だけでは充足できない数的補完のため」、「日本人社員への影響も含めた社内活性化のため」、「外国人としての感性・国際感覚等の強みを発揮してもらうため」などが上位に入っています。理系の場合は、ＩＴ人材不足を背景に、ＡＩ技術者やデータサイエンティストなど日本で採用が難しい高度な専門人材の獲得の優先度が高いと考えられます。

「外国人としての感性・国際感覚等の強みを発揮してもらうため」については、ダイバーシティの活用とも関連していると考えられます。日本企業や日本社会にもっとダイバーシ

【表2】外国人留学生に求める資質（複数回答）

		文系	理系
1	日本語力	57.7％	57.4％
2	コミュニケーション能力	56.3％	51.2％
3	協調性	32.9％	29.2％
4	基礎学力	23％	21.5％
5	異文化対応力	13.1％	13.4％
6	社交性	12.7％	9.1％
7	日本語・英語以外の語学力	12.2％	9.1％
8	バイタリティー	11.3％	10％
9	熱意	11.3％	12％
10	一般常識	9.4％	—
11	英語力	8.5％	6.7％
12	明るさ	8％	5.7％
12	専門知識	8％	34.4％
14	信頼性	7％	6.7％
15	ストレス耐性	5.6％	5.3％

出所：ディスコ（2018）
注：順位は文系に合わせており、「一般常識」は理系では15位内に入っていない。

ティ（多様性）を取り入れることによって、よりイノベーションが起きやすくなります。本来、ダイバーシティ＆インクルージョン（多様性と包括）によって、組織全体の活性化や日本企業の経営スタイルを進化させることにもつながるはずだからです。

先ほど優秀な人材確保という項目が1位でした。それでは、優秀な外国人に求める資質は何だと思いますか？「専門知識ではないでしょうか」医学部の大学院で学ぶアメリカ人のロバートさんが答えました。「いや、リーダーシップだと思います」インド出身のラージさんも発言します。「実はそのどれでもないのです」

同じディスコの調査では、文系・理系ともに、「日本語力」が1位に入っています（表

【図2】採用時・入社後に求める日本語レベル（文系）

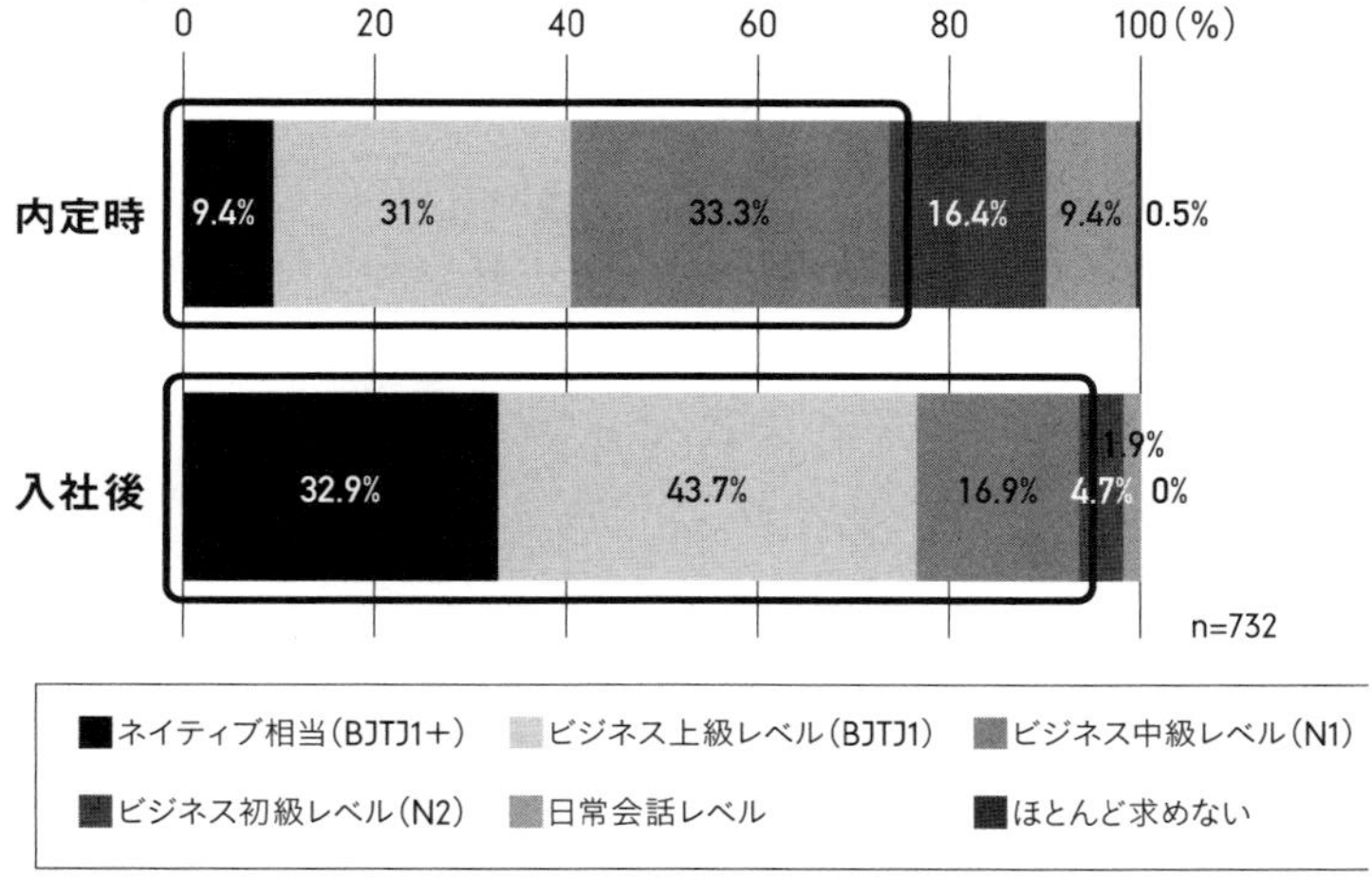

出所：ディスコ（2018）

2）。2位は「コミュニケーション力」で、3位以下を圧倒的に引き離しています。素直に考えると、優秀な外国人材に求めるのは「日本語できちんとコミュニケーションができる人」となりますが、どうでしょうか？

「えー、だったら日本人を採用すればいいじゃないですか」アメリカ人のロバートさんがむくれます。「それはそうですね…」

「専門知識」は、理系こそ辛うじて3位に入っていますが、文系は12位、「英語力」も文理ともに順位が低いです。「つまり、前に説明してもらったように、日本では大学で何を学ぶかが仕事と関係ないということですね」

「そうですね。文系の場合、特にそういう傾向が強いようです」

ちなみに、経団連が2014年に行った日

本人の新卒採用の調査について見ましょう。ここでも、「コミュニケーション能力」が1位で、4位に「協調性」が入り、「専門性」は13位、「語学力」は17位となっています。つまり、日本語以外はほぼ日本人と同じですね。だったら日本人を採用すればという意見もわからなくはないです。

次にどれくらいの日本語力が求められるか見てみましょうか。文系社員に採用時・内定時に求める日本語力について見ると、内定時に日本語能力試験の1級（N1）以上を求める企業は約75%、2級（N2）以上だと9割となります（図2）。入社後はさらにハードルが高くなり、9割以上の企業がN1以上を求め、3分の1がなんとネイティブ並みの日本語力を求める結果となっています。みなさん、日本語をもっと勉強しておく必要がありますね。

「でも、N1を持っていても話せない留学生はけっこういますよ」とシンガポールのウォンさんが言いました。「確かに、スピーキングやライティングのテストはないから、漢字が読めてテスト対策すれば取れますね」と中国出身の馬さんも言いました。「確かに私がアメリカに留学した時もTOEFLの点が満点近くてもほとんど話せない留学生がいました。香港出身の友人にその訳を聞いてみると『過去問など試験の対策には慣れてるからね。僕の友人たちもみんな満点近くとってるよ』と教えてくれました。そう考えると、あまりテストの点数にこだわるのも意味がないのかも知れません」と、私も自分が留学生だった時のことを振り返ってみてそう思いました。

「日本人社員化」した外国人を求める企業の矛盾

ここまでの話をまとめると、優秀な人材確保のための留学生の第1関門は日本語力ということが明らかです。それも単なる日常会話ではなく、試験の点数のことだとしても採用時に高度な日本語力を、入社後はさらにネイティブ並みになることが求められるということです。また、それ以外の資質を見てもわかるように、海外ビジネスに関連する能力以外は、留学生にも日本人と似た資質を求めていることがわかります。「日本人社員同様」に職場で振る舞える留学生を求めているということです。しかし、一方で企業は採用目的の中では、外国人としての感性、日本人社員への影響、ダイバーシティ強化など、外国人としての個性や感性を活かすことも求めています。これは「同質化」を求めながら、他方では「多様性」を活かしたいと言っていることになり矛盾します。本来ならダイバーシティによって、互いに刺激を受けながら新たな発想やビジネスが生まれることが大きなメリットとなるのでしょうが、これでは外国人社員が本来持つ才能を活かしきれないのではないでしょうか。

ここでフランス人のエマさんが、「日本企業はより会社をグローバル展開し、社内の雰囲気

【図3】外国人社員の採用・雇用の課題

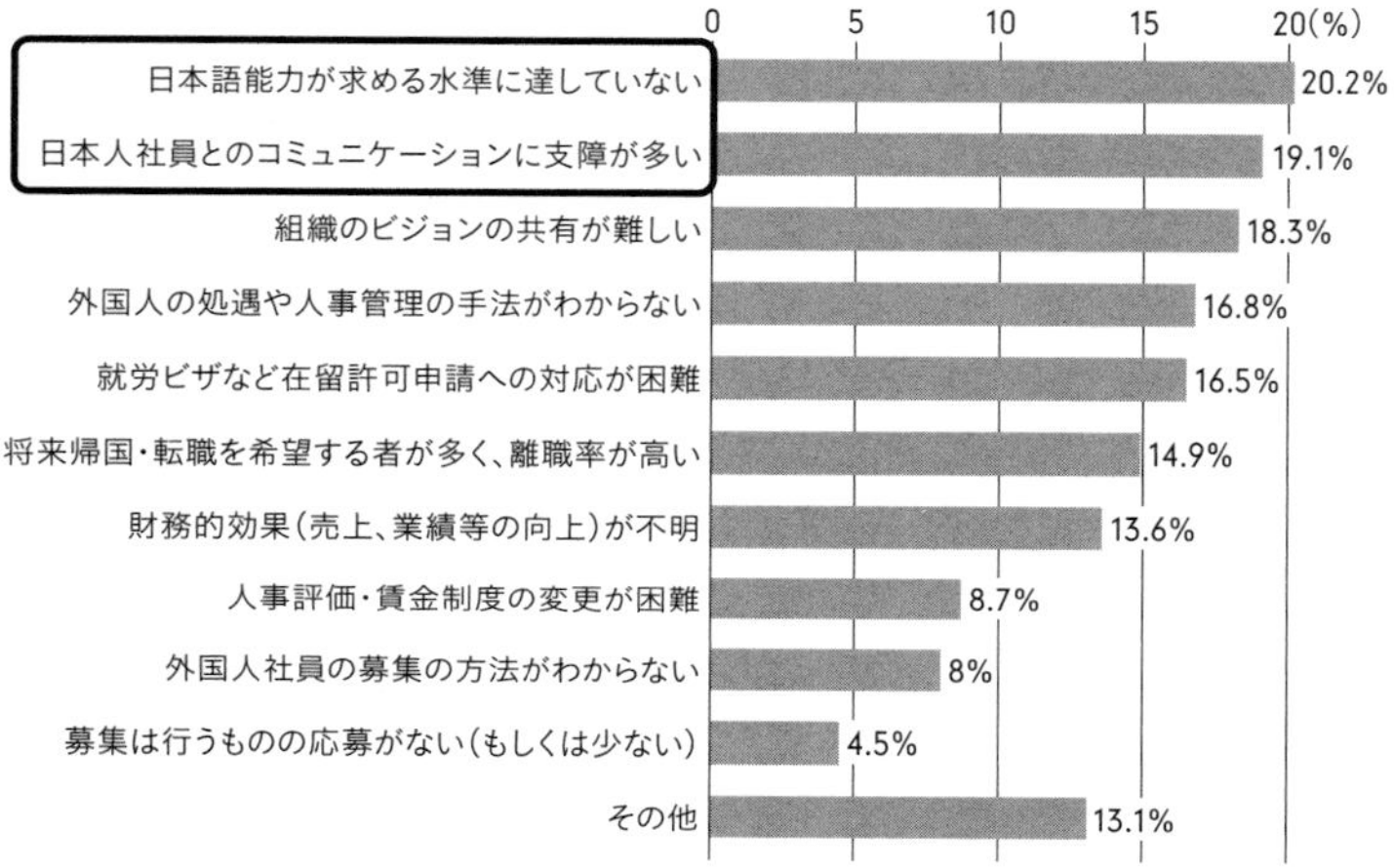

出所：ジェトロ(2019)

や働き方もグローバル化するために外国人を採用すると言いますが、それは建前で会社のブランドを高めるためのPRな気がします」と疑問を口にしました。彼女は「私の友人が何人か日本で働いていますが、実際は自分の意見を言うと協調性がないと言われて、もっと人間関係を大事にするように言われます。そのため、結局他の日本人社員の目を気にしながら働いています」と矢継ぎ早に話しました。

シンガポールのウォンさんは、「外国人社員も日本語や日本の企業文化を学ぶ必要はありますが、日本企業は外国人に日本人のようにふるまうよう求めない方がいいです。職場環境や言語を含めて、日本人社員と外国人社員が折り合える中間点を探る必要があるので

【図4】留学生が就職活動で困ったこと

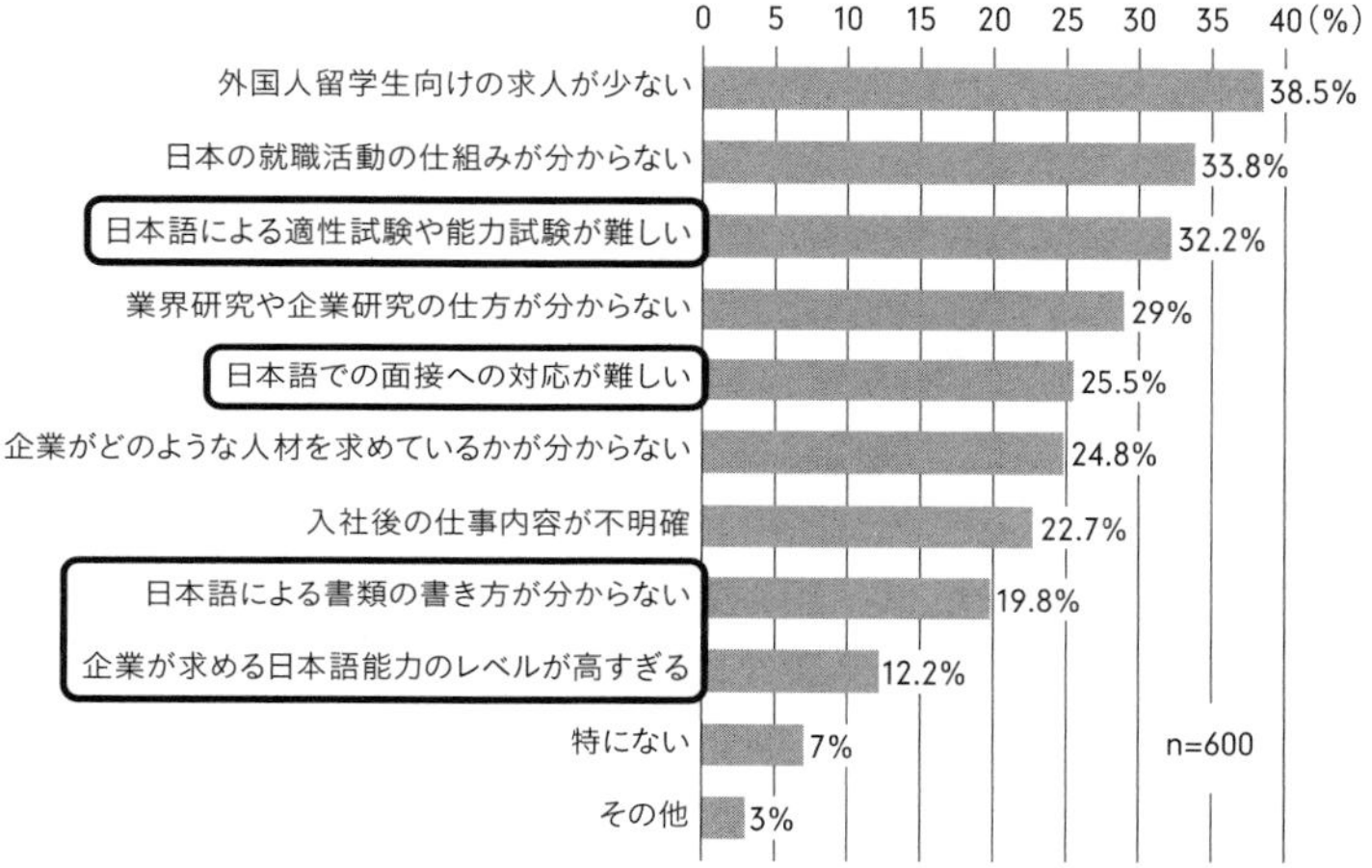

出所：経済産業省（2015）

はないでしょうか」とコメントしました。

「2人ともありがとう、良いポイントです。これは大きな課題なので、回を改めて、企業における『社内言語』や『社内のダイバーシティ』について議論しましょう」

企業の外国人社員の採用・雇用の課題をみても、日本語能力の水準や日本人社員とのコミュニケーションは最上位の大きな課題となっています（図3）。

留学生が就職活動で困ったことについての設問でも、日本語に関する回答が多くみられます（図4）。また、日本の就職活動は他国と比べてユニークなので、その仕組みを理解するのは難しいという意見も根強いです。みなさんもおそらくこうした話やセミナーなどを聞かないと、まさか卒業の1年以上前から就職の準備をする必要があるとは思わなかったでしょう。実際、キャリアセンターの人と話をしていると、「卒業の半年前くらいになって慌てて就職の相談に来る留学生が多いので困っています。もっと早く相談してくれれば就職活動の進め方のアドバイスをできるのですが」という声が多く出ます。みなさんは、修士1年生で9月に入学したばかりですが、年が明けると3月には正式に就職活動が始まります。その前にインターンなど含めて色々と準備することがあるので、まだ2年も先だと思わないで年内には相談に行った方がいいですよ。

ＹＫＫは日本語・英語で面接し、日本語学習の研修も実施

それでは、こうした課題に対応している日本企業はないのでしょうか？　みなさんから見ると動きが遅いように見えるかもしれませんが、課題に対応している企業はあります。例えば、ＹＫＫグループの日本での新卒採用者は、グループ全体で１５０人前後です。そのうち、新卒外国人の採用は全体の５％程度を占めています。

面接は基本的には日本語ですが、外国人材はなるべく中身を見るようにし、必要なら英語を交えて面接しています。日本語が不十分だからといってマイナス評価にはしていませんし、Ｎ１・Ｎ２など日本語能力検定の資格も必須条件ではありません。

さらに、日本語学習について、入社後に日本語講師に来社してもらうなどの形で、研修の一環として実施しています。もちろん留学生にも日本語ができるよう努力をしてもらう必要はありますが、海外赴任していた社員も多いため、英語と日本語でやり取りするケースもあります。お互いのミスマッチを軽減するために大事なのは、外国人・日本人を問わず、キャリアパスについて面接で内定前にしっかり話すことだと言います。ですから、職種別採用ではないですが、なるべく応募者の専攻を生かした配置にする専攻別採用のような形を取っています。

YKKの外国人社員採用の目的は、(国籍問わず)優秀な人材を採用したい、社内にダイバーシティが必要なためということです。これは先ほどお話しした内容とマッチしていますね。そのため、海外派遣についても日本人と同様で、外国人材だからといって必ず母国に派遣するということではなく、様々な国に派遣される可能性があります。例えば中国人を採用したから将来中国に派遣するわけではないということです。

日本で働いた外国人は海外でも日本に関連した仕事に就く傾向

日本で留学生が就職するための色々な課題をお話ししてきました。こうした状況を打開するために、日本政府は様々な政策を打ち出していますが、決定打がないのが現状です。私は日本で留学生を採用することが重要なのは、単にその職場内の問題にとどまらないと考えています。なぜなら、日本で働いた経験がある外国人は、退職して帰国したとしても日本や日本企業、現地の日系企業と仕事上で関わりを持つことを望むケースが多いからです。先の経済産業省の外国人社員へのアンケート調査によると、「海外の転職先で希望する仕事」という問いに対して、「現地日系企業を含め日本と関わりのある仕事をしたい」と回答する人は全体の約８割を占めています。

つまり、これは日本国内だけの話ではなく、海外での日本企業のオペレーションにも影響を及ぼすということです。本社で働いた外国人社員が母国に派遣されるケースも増えるでしょうし、退職して母国に帰国した社員が現地法人で働くというケースもあります。また、その企業で働かないにしても、日本企業の日本の現場を知っているタレントプールが増えることは、日本企業のグローバル展開全体に対してプラスになると思われます。前にもお話ししたように、日本企業は日本語や日本の企業文化や商習慣へのこだわりが強い傾向にあります。過剰な同質化を求める傾向については変えていくことが必要ですが、その企業文化や良さについて理解している人材を増やしていくことも同時に必要だと思うのです。

田村一也、石井大智、ツェン・シュージェー・オスティンが在日留学生・在日外国人就労者・

元日本留学生及び元在日外国人就労者に行った『外国人の日本での就業意識に関する調査2018年実施』（経済産業研究所）でも、日本で就業経験がある外国人は就業経験がない外国人と比べて、帰国した後も日本との関連を活かした仕事に就いていたり、日系企業で働いていたりする割合が高いという結果が出ています。「帰国後に日本と関連する仕事に就いているか」という問いに対しては、「仕事で日本語を使う」「これまで自分が培ってきた日本文化への理解を仕事で活かしている」「日本企業の海外現地法人と仕事をしている」のいずれかの項目に関して、日本で就業経験がある外国人の方が就業経験のない外国人よりも「はい」と答える割合が高くなっています。

また、「（母国に）帰国した後に日本に復帰する意向があるのか」という質問でも、やはり日本で勤務経験がある外国人材の方が、「仕事をするために日本に戻る機会を積極的に探している」「既に仕事をするために日本に戻る予定がある」共に日本で勤務経験がない外国人材よりも割合が高い結果となっています。

一方、日本で就職せず帰国または第3国に移動した場合、その後日本企業での就業意欲が低くなる傾向が強いという結果も出ています。「海外現地での日本企業への就業について」という質問に対して、「既に、日本企業の海外現地法人で働いている」と回答した割合が、日本就職経験者は4割近いのに対し、日本就職未経験者は1割程度に留まっています。さらに、「日本企業の海外現地法人で働くことは完全に考えていない」と回答した割合も、前者が5%未満に対して後者は25%以上となっています。

ここまでの話をまとめると、卒業後日本で就職せずに帰国または第3国へ移動してしまう留学生を減らし、日本での就職機会を増やすことが重要だということがデータからもわかるでしょう。また、仕事をするために日本に戻る可能性がある外国人、海外の日本企業で就業の可能性がある外国人もかなり多いということがわかります。この調査では、こうした「過去に日本企業で就業経験があり、日本企業の文化に一定の理解がある外国人材は、ゼロベースから育成する必要がある外国人材よりも育成コストが低くなり、日本にとって貴重な人材プールと言える」と結論づけています。

もう一つ、こうした日本留学経験者が重要なのは、母国に帰国した際に口コミの発信源になってくれるということです。この口コミが新たな留学につながるケースも多いため、日本での経験が重要なのです。つまり、日本社会で受け入れられない経験をした留学生は、その後日本や日本企業との関わりを断ってしまうのみではなく、日本嫌いになってしまうこともあり得ます。これは非常に残念なことです。せっかく日本に関心を持って来てくれている外国人に、より日本や日本企業のことを理解してもらうことは、日本人が想像している以上に重要なことではないでしょうか。それでは、本日はここで講義を終わります。

【図5】日本で就職する理由（外国人社員アンケート、留学生アンケート）

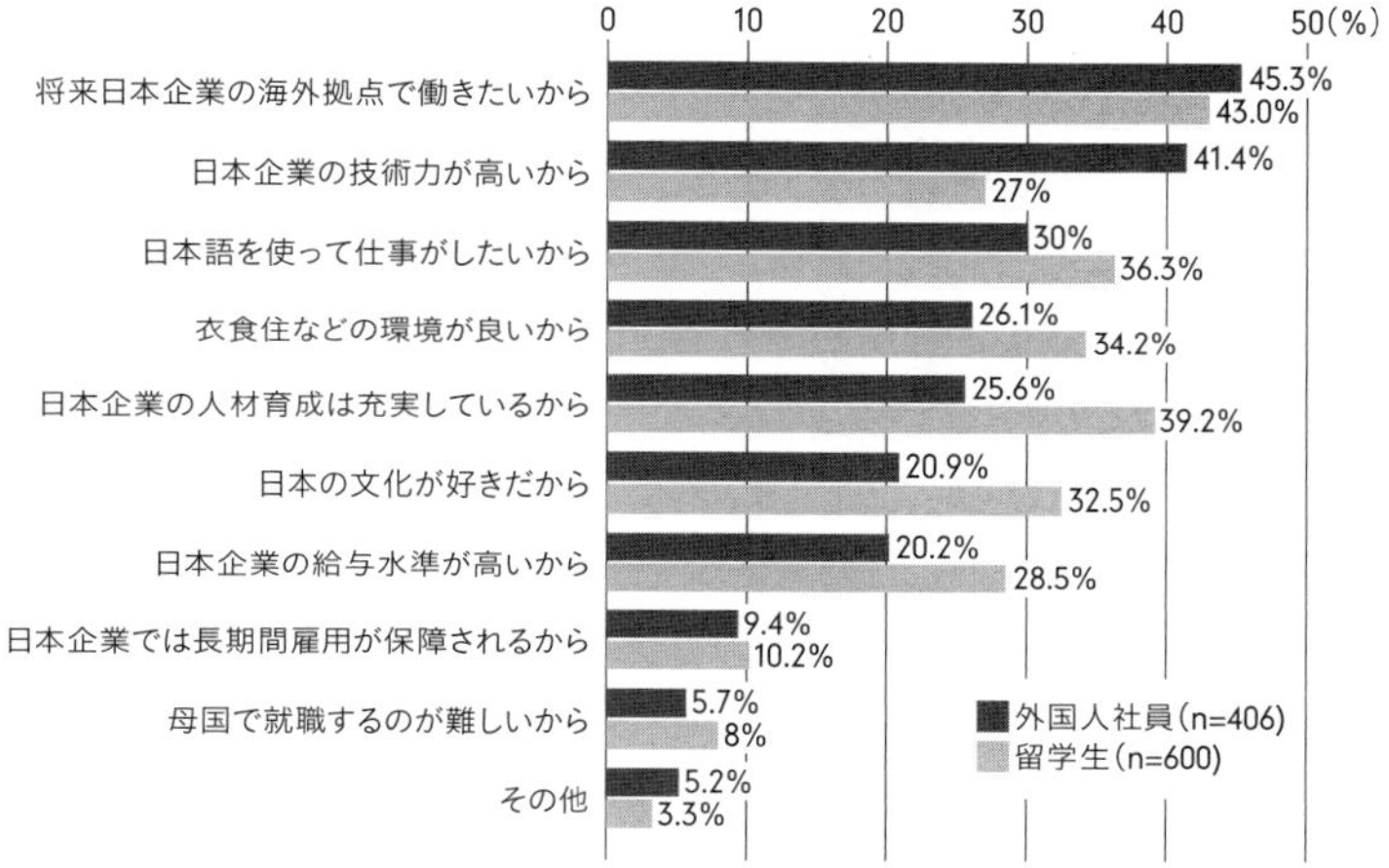

出所：経済産業省（2015）

日本で働きたい本当の理由は？

日本で就職を希望する理由として、２０１８年のディスコの「外国人留学生の就職活動状況」調査によると、生活環境に慣れている（６７・４％）や安全性（４３・２％）などが上位に挙がっており、日本に来日した目的と合致する部分が多く見られます。また、留学経験を活かして日本語を用いた仕事ができることや、給与・待遇などが魅力となっています。

経済産業省の２０１４年度調査によると、日本で就職した理由ないし就職したい理由については、外国人社員は「将来日本企業の海外拠点で働きたい」（４５・３％）、「日本企業の技術力が高い」（４１・４％）、「日本語を使って仕事をしたい」（30・0％）が多かったです（図5）。一方、留学生は「将来日本企業の海外拠点で働きたい」（43・0％）、「日本企業の人材育成は充実している」（39・2％）、「日本語を使って仕事をしたい」（36・3％）、「衣食住などの環境が良い」（34・2％）、「日本の文化が好き」（32・5％）が多いです。

また、ここには書かれていませんが「日本のグローバル企業で働いてみたい」というのも留学生からよく聞く理由です。

インドネシア人のルディさんは日本で働くことにした理由を、「日本に来る時から日本で働こうと決めていました。就職の時は、会社の社風を重視していましたので、工場を見学して、社員の方と話しました。日本企業は人材育成も優れていると思います」と語ってくれました。会社の決め方もまるで日本の大学生と変わらないと内心驚きました。そんな彼でも、同年代の留学生が外資系金融やコンサルティング会社などに行くのを見ていると、本当にこれで良かったのかと不安になることはあったといいます。「やはり給与の手取り額は全然違いますから。入社前には正直負け組ではと思っていましたが、日本企業は福利厚生が充実しているので実際あまり差がないことがわかりました」と、今はかなり仕事に満足しているようです。

就職活動中に大変だったのは、もともと中小企業志望だったが企業情報がなかったことだと話していました。大企業志望の留学生が多い中、珍しいと思ってなぜ中小企業を考えたのか聞いてみると、「大手企業よりやりたい業務が色々とできるのではと思ったのですが、情報が全然ないんです。履歴書を送っても名前が横文字だからか落ち続けてしまって、結局大企業に志望を変えました」と話してくれました。中小企業にとっては彼のような優秀な人材を逃してしまうのは非常にもったいない話だと思いましたが、こうした情報のミスマッチが日本全体で起こっているのは想像に難くないところです。

アメリカ出身のロバート・ディビスさんは、関西の大学に交換留学で来て日本を気に入り、東大の医学系大学院で学んでいます。一般的に私たちがイメージしがちな主張が強いアメリカ人というよりも、控え目な印象の好青年です。一緒に食事をした際に、ロバートさんはやや興奮気味にこう話してくれました。「日本企業の説明会に行ったり、面接を受けたりしましたが上手くいかず、日本にあるアメリカ系の会社に入社予定です。外国人を積極採用していると採用サイトには書いてありましたが、実際に企業説明会に行くと、周りはリクルートスーツに身を包んだ日本人大学生ばかりで、『あ、外国人がいるよ』という反応で疎外感を感じました」。彼が不採用となった理由は実際にはわかりません。エントリーシート（ＥＳ）や面接などの対策が不十分だったのかもしれません。しかし、留学生採用サイトに外国人積極採用と書いているのに外国人の応募者がほとんどいないような状況は、逆に不信感を与えかねません。過度にアピールするのではなく、企業のレピュテーションの観点からも正確な情報発信が必要です。

また、実際に留学生の就職相談に乗る大学のキャリアカウンセラーの方々の話を聞くと、「面接しても企業からの返答に時間がかかり、1~2週間待つ状態が続くとその間に落ちたと思ってしまいます。海外では1~2回の面接で合否が決まることが多いのですが、日本の場合8回面接があったこともあります」などの話が出ます。

ミャンマー出身のKさんは、もともと家族が日本に住んで仕事をしていたこともあり、日本に来て日本語学校に通い、介護関係の仕事を3年くらいしていました。しかし、その後関西の私立大学に通い、東京大学の大学院に入学した苦労人です。しばらく日本で働いて将来的には国際機関で途上国開発の仕事をしたいと話します。就職活動で苦労した点は、「年齢や経験的に第二新卒となってしまい、大学院を出る前のキャリアが働きたい業界の経験と合わずに大変だったことです」と語ってくれました。Kさんは、最終的に日本の外国籍の人材紹介のスタートアップで働いています。

タイの留学生シリラックさんは、バンコク郊外の出身で、東京の有名国公立大学で日本語を専攻する4年生です。タイの高校が大学と協定を結んでいて、その制度を利用して大学から日本に留学しました。日本で目下就職活動中ですが、日本で働く理由について、「日本の企業で働くという経験をしてみたいです。ビジネスでの日本語能力も高くなると思います。給与はタイの3倍くらいですが、物価も3倍くらいなので、福利厚生が充実しているのはいいですね」

と話します。

経済発展しているタイで仕事を探すことを考えないのか聞いてみると、「できるだけ日本で長く働きたいですが、日本の就職がうまくいかなかったら選択肢にはあります。タイでは日系企業も多いため、日本語を使う仕事は比較的簡単に見つかります。日本語を話すタイ人のフェイスブックグループに入っていますが、そこでは工場の通訳や現地法人での事務の仕事などの募集情報が流れてきます」とタイでの就職の状況を話してくれました。

タイも基本的には「ジョブ型」で仕事を探すので、日本語能力試験1級・2級の資格を持っていると仕事は多いということです。また、欧米と同様、卒業してから仕事を探し始める人が多く、就職時も通常は履歴書を1通送って面接1〜2回程度で決まります。そのため、受ける会社も数社ですが、日本は何十社も応募しなければならず、ESを送ってSPIを受験して結果がわかったら、今度は面接があります。面接結果がわかるのも長いと1週間以上かかります。これを何度も重ねていくというプロセスは、気の遠くなるような作業に感じるそうです。

コロナ後にグローバルなリモートワークはできるのか？

今回取材をしていて、アメリカやフランスなど欧米でも、コロナ禍で母国に帰ってグローバルにリモートワークする社員が増えていることがわかりました。アメリカ人女性のレベッカ・ブラウンさんは、「海外で日本の大学院をオンラインで卒業できれば、リモートワークも含めて日本企業の東京本社やグローバルプロジェクトで働くことを希望する人は多いでしょう」と話します。一方、こうしたグローバルなリモートワークの場合、「アメリカやヨーロッパだと時差があるので、多くの日中の会議が昼夜逆転したり東京の午前3時に始まったりするので出られなかったり、デジタルドリンクス（オンライン飲み会）にも参加できないなどで人脈形成は難しくなります」と話します。

レベッカさんは、黒縁眼鏡の知的な印象で物腰やわらかな女性でした。2011年の311の震災前に岩手県で英語を教えていて、震災後は東京に住んでいます。日本のファッション、食べ物、親切な人々、こぎれいで女性が1人で歩いても安全な街などについて「東京はグレイトな街」と喜んで話す様子が印象的でした。あまりに素晴らしいというので、不思議に思って、私にとっては日常だから何がいいのかわからないというと、「その日常がいいんですよ。特に、凝った日用品、玄関と靴箱があるアパートのデザイン、日本のお風呂など、平凡な日常の中にささやかな喜びがあって余暇の時間を楽しめるのです」と話してくれました。それでも、私にはしっくりきませんでしたが、日本人が日常と思っている当たり前のことを求めて日本に来る人は多いのだと改めて感じました。

ポストコロナの「ニューノーマル」は何かというのもが多くの留学生が関心を持っている話題です。コロナ禍以前から始まっていた変化が、コロナ禍でより鮮明になり、さらに加速しています。シリコンバレーでもリモートワークが話題になっていますが、そもそもIT企業が多いので、「以前からそうなっていたのではないか」とシリコンバレー在住のアメリカ人に聞いてみました。すると「シリコンバレーでも対面的な接触はありました。むしろ、企業が優秀な人材を引き付けるために、無料のランチやディナー、バーやジムなど様々な社員サービスや施設を売りにしていました。例えば、リモートで働くことを推奨するアプリを提供する会社ですら、社員はみなオフィスで働いていました。でも、ユタやテキサスなど地方の都市にこれから人件費などの関係で移っていくでしょう」と、オフィスの立地や働き方が変化すると話していました。

しかし、彼はフルリモートになることで、「東京の会社や人とも仕事ができる可能性が広がったと思います。全く移動が必要なく、ただ画面を変えるだけでシリコンバレーの仕事から東京の仕事にスイッチすることができるのは素晴らしいですよ」と興奮気味に話していました。実際彼は、前に日本で勤めていた会社の仕事の一部を既に請け負っていて、それがより広がるだろうと話します。

日本に来る留学生や外国人の数は、アジアから日本語学校に来る学生が減り、アルバイトも減少するなどの動きが加速すれば短期的には減少するでしょう。しかし、欧米の若者と話すと、「日本の本質的な魅力は変わらないのではないでしょうか。日本語を勉強している欧米人と話すと、大半の人は文化やライフスタイルに興味があると言います。日本に来る欧米人は日本という場所に特定の関心を持ってくる傾向にあります」という意見が多く見られます。

なぜスタートアップや外資系企業で働くのか？

同じ日本で働きたいといっても、日本の大企業ではなくスタートアップなどベンチャー企業や日本の外資系企業で働きたいという留学生もいます。その人たちに理由を聞いてみました。

起業家精神が旺盛で意欲的な台湾系アメリカ人のケンさんは、東京大学の大学院を卒業して日本のスタートアップで働いた後、シリコンバレーで投資アドバイザリーの仕事をしています。日本にも機会があればまた戻って仕事をしてみたいと話します。ケンさんは、「日本の大企業は上下関係など厳格なイメージがあったので、在学中から日本のスタートアップで働いていました」と言い、日本で外国人が働くことの価値についてこう話します。「日本には住んでみたかったですし、僕の市場価値が日本でどれくらいあるのか試したかったのです。（特に英語が流暢であれば）日本では外国人として日本人と違った情報や価値を提供できるのが強みです。

世界中の色々なビジネス関連の情報に英語で直接アクセスができるからです。でもこれは、私たちの母国だと他の人と同じになるので差異化できません」

シンガポール人のウォンさんは、日本企業や日本の組織で1日や数日の短期インターンシップ、3か月程度の中期インターンシップを経験しました。その結果、日本で働くのはいいが日本企業で自分が働く姿がイメージできないと感じたといいます。「その理由は2つあります。1つは、働き方やワーキングカルチャーが合わないと感じました。日本企業でのインターンは職場の上下関係が厳しく、同僚に対してもフラットに話せないのがストレスでした。驚いたのは、打合せでパワーポイント資料などを紙で配布していたことです。シンガポールは省庁でもデジタル化が進んでいて、資料はスクリーンや個人のパソコンで見るのが普通だったのでびっくりしました」とかなり辛辣な批判で、私もショックを受けました。

彼はこう続けました。「2つ目の問題は言語です。私は日本語能力試験1級を持っていて日本語を話しますが、それでも説得力を持って自分の考えを伝えるのは難しいです。日本企業は日本語能力試験を条件とするところが多いようですが、漢字が読めてテスト対策ができればスピーキング試験はないのでいい点数が取れます。ある時、テストで満点を取ったという留学生に日本語で話しかけると、全然話せなかったこともありました」

しかし、それならシンガポールに帰国すればいくらでもいい仕事はあるのではと思ったので、なぜあえて日本で働きたいのかを聞いてみました。すると、「自分のコンフォートゾーンを出たいのです。シンガポールにいれば快適ですが、もっと成長するには違う環境に身を置いたほうがいいのです。シンガポール政府を辞めたのは嫌で辞めたのでなく、何か新しいことを学びたかったからです」と成長への強い意欲を見せました。

シンガポールで公務員は待遇も社会的地位も高いため、確かに辞めるのは珍しいとも教えてくれました。また、日本で働く魅力について、「日本はキャリアをスタートするにはいい場所です。なぜなら、日本企業には素晴らしい技術があるにもかかわらず、まだグローバル展開しきれていない企業が多くあるためです。その海外展開をサポートできれば、世界の大きな課題解決に貢献できる可能性があると感じます」と話してくれました。

高考と10日間で人生の半分以上が決まる中国

東大の中国人留学生の林さんは、日本で働く理由について「私は日本留学を通じてキャリアを変えたかったのです」と意外なことを話してくれました。「もともと専門性がそこまで高くない文系学生や、やりたいことがまだ明確でない学生が働く場合、日本企業のように研修制度がしっかりしている会社で働く方がいい面があります」

この話については、まず中国の入試と就職事情について理解する必要があります。高考と呼ばれる中国の大学入試は毎年6月7日と8日の2日間、全国一斉で行われます（高考頻道のウェブサイトによると2020年はコロナ禍の影響で1か月遅れて7月7日～8日に延期されました）。正式名称は全国普通高等学校招生入学考試で、入学や新学期は欧米と同じく9月からです。日本の私立大学のように大学ごとに行われる試験はなく、この「高考」が全国での共通試験であり、1回限りです。2019年版の中華人民共和国国家統計局編『中国統計年鑑』によると、中国の大学は約2600校ありますが、科学技術振興機構によれば、政府が重点的に資金を投入する「重点大学」と呼ばれる一流校はわずかに112校のみです。

大半の中国人学生は高考に向けて、幼いころから毎日朝から晩まで15時間くらい必死に勉強するため、将来何をしたいかを考える余裕はなく、試験でとにかく高い点数を取ることに必死です。イギリスの大学院に留学後、日本で働く李静さんによると、「大学入試とその後の10日間で人生の半分以上が決まる」という感覚なのです。

しかし、李さんは「高い点数を取れば、将来の選択肢が広がると考えていますが、実際受験後に専攻を選ぶため、将来のことを10日間考えたところでどの専攻を選べばいいかはわかりません」と言います。多くの場合、ランキングが高い大学名というブランドが大事なので、その大学にある専攻分野にあまり興味がなくても、有名大学であれば入学する学生が多いようです。

また、点数が足りなくて希望の専攻に進めない学生も出ます。例えば、日本語学科の学生に聞いてみても、もともとあまり日本語には興味がありませんでしたと答える学生は少なくありません。

最近は、こうした高考の受験地獄から逃れるために、高校や大学から海外留学を考える親も増えています。李さんも「最近は大学から留学する人も増えてきて、高考という1つの道しかない訳ではないと思い始めています」と話します。李さんの家では基本的に進路は自分で選びなさいという自主性を重んじる方針で、両親はやりたいことをやればいいと言ってくれましたが、これはかなり珍しいケースということです。

中国で大学や専攻を選択する時には主に以下の3つの要素があります。第1に、自分の関心です。次に、社会的にどういう職業が良いとされるかという面子（メンツ）的な要素です。最後に、両親の意見です。しかし、前にも述べたように自分の関心が何かを考える時間や機会がなかったという状況から、結果的に社会的な面子や両親の意見を総合して、経済・経営・金融・数学・ITなど就職しやすい学科を選ぶ傾向が強く見られます。

これには中国の就職の仕組みが強く関わっています。中国も欧米や他のアジア諸国と同じく、就職は新卒一括採用ではなく、ポストに空きが出れば採用するというジョブ型の仕組みになっています。大学生は4年生が始まった秋頃などの決まった時期から就職活動を始めますが、日本と違うのは企業が毎年一定の採用枠などを設けていないことです。つまり、ポジション採用なのでそのポジションの需要や空きがないと採用しないのです。また、学生は専攻が応募するポジションに関連しているのはもちろん、その分野でのインターン経験がないと就職が難しい状況です。

つまり、銀行で働きたいのであれば、大学では金融を専攻し、金融機関でインターンの実績を積んでおく必要があるということです。中途採用者も同じポジションに応募する可能性があるので、なるべく自分に実務能力や経験があることをアピールしなければなりません。このように、大学の専攻内容やインターンと就職時の職種は強くリンクしています。

加えて、大学の数や大学生数が急増しているため、就職の競争は非常に激しく、先述の通り3割が就職できないと言われています。中国の大学教員などに聞くと、政府の意向で就職率を高めないといけないので書類上はそうしているが、実際は一流校を除けば3割以上が就職できていないケースもよくあるということです。

こう考えると、なぜ彼らが日本に留学して働こうとするのかが見えてきます。中国人にとって、大学での専攻を問わない就職活動や、日本企業の人材育成とローテーションが合わさった仕組みは魅力的でもあるのです。

専門とキャリアを変えるために日本で働きたい

先述の林さんはこう語ります。「自分の大学の専門と違う仕事をしたいので留学したという友人はかなりいます。例えば、大学で中国のメディア専攻の学生が、メディア関連の仕事に就けるケースは少ないです。言語・文化・歴史などを大学で学んでも、この分野の専門の仕事は教員以外ではかなり限定されます。そのため、大学院で留学して日本で経済や経営などを勉強して日本で就活するのです」

それでは、日本でなく中国の大学院に行けばいいのではと思いますが、それについてはこう説明してくれました。「中国の大学院入試の偏差値は非常に高くて合格するのが大変で、運よく入学したとしてもまた大学院での専門に仕事が縛られるため、金融の専攻なら金融機関でしか働けなくなってしまいます。そうではなく、色々なキャリアの可能性を就職の時まで残しておきたいという学生もいて、それが日本で就職する一番のメリットなのです」

中国人の周さんも、「日本では第2新卒がありますが、中国はありません。一度入社してしまうと、他の仕事に転換したい場合は、とても難しいです。日本は大学院も大学と全く違う専門で勉強できますし、企業も大学院での成績に関係なく入れます」と言います。

例えば、中国ではIT関連の仕事をする場合はその専攻でないと難しく、周さんのように、大学で財務、大学院で経済の専攻だと、中国ではIT業界やコンサルティング業界には行けないということです。「歴史・文学の専攻の人はもっと大変で、先生になるか博物館などで働き先を見つける必要があります。でも、日本では専攻にかかわらず、コンサルタントやSEになれたりするので、色々なキャリアの選択肢が選べるのはいい点です」と語ります。

外国人にとってはジョブ型の雇用体系がいいという話がよく出ますが、必ずしもそうとは限らないということです。周さんは、「少なくとも中国人に関しては初めての就職活動の人が多いので、就職システムの違いはそれほど意識していないですし、日本型・欧米型どちらでも対応はできます」と言います。

ただ、一方で、将来のキャリアについてのプランがない留学生が増えているという指摘もあります。1990年代生まれの世代の若者を指す「90後」。この世代は1人っ子が多く、中国が経済発展を始めた時代に成長して裕福な経済環境の中で育ってきたとされます。スマホやインターネットの活用にも積極的です。日本で働く90後世代の中国人は、「中国人の大学生は夢がなく、お金を求めている人が多いです。90後の世代から、そういうトレンドがあります。学部卒の学歴は就職において価値が薄いので、大学院に行くのが普通の感覚です。半数くらいの友人がどこでもいいから留学しようと言っていました。学歴としてなんとなく就職に役に立つんじゃないかという感覚で留学する人が多いです」と話します。

メンバーシップ型は良い仕組みだが、会社都合の異動はNG

こうした日本企業の仕組みについては、中国人だけがいいと思っているのでしょうか。授業を受けていたブラジル出身のサントスさんにも聞いてみました。彼女は日本の大手メーカーで2020年4月から働いています。サントスさんは、「文系専攻の学生でまだ明確に専門としてやりたいことが決まっていない学生にとっては、メンバーシップ型の方がいいと思います。文系の場合、法律、経営（会計・財務・マーケティング・人事など）などの専攻以外は、直接その専攻を活かして就職することは難しいです。新卒後のファーストジョブについては、この仕組みはとてもいいと思います」と話してくれました。サントスさんは地方出身ということもあり、一度日本の東京のような都市部にある大企業で働く経験をしたいと熱く語っていました。

ただし、もちろんこの仕組みを手放しで受け入れるわけではありません。サントスさんは、「勤務場所は自分で選びたいですし、働いて自分の専門性が明確になったら、それを会社都合で変えられたくはないです。日本の会社でも会社都合の異動ではなく、異動する場合は社内公募で行うというところが出てきましたが、その仕組みはいいですね」と、自分の意志でキャリアを構築していきたい面も強調していました。日本でも自律型キャリアが求められている中、こうした取り組みはより必要になるでしょう。

その良さについては、「異動を希望しないならしなくてもいいし、異動したい場合は手を挙げることもできます。例えば、私が関心を持つ環境に関連があるCSRの部署などは新卒学生を採用しませんが、入社後に異動を希望することができます」と答えてくれました。

最後に、終身雇用を望む考えはないと明確に話してくれました。「外国人としては、もしあまりにも仕事で残業が多かったりストレスが高かったりすれば、辞めることも考えます。最初の半年間くらいはどの職場でも大変だと思うので、すぐに辞めることには賛成しませんが、ずっとこの会社に居続けなければならないという発想はありません」。メンバーシップ型とジョブ型のメリットの部分だけを取りたいという気持ちが見えなくもないのですが、こうした外国人を受け入れるには、今後も職場環境を検討する必要があるでしょう。

日本の就職活動の何が大変なのか？

留学生が日本で働きたい理由が徐々におわかりになってきたと思いますが、そもそも独特な就職活動スタイルに慣れていない彼らが就職活動するのは、日本人と比べてかなり過酷です。

先述の林さんに、就職活動で一番大変だったことについて聞くと「エントリーシートを限られた文字数でまとめて、短い期間内に出すのが本当に大変でした。日本人の友人がアドバイスしてくれたので助かりましたが、日本人の友人が少ない留学生はもっと大変なはずです」と苦労を語りました。最終的には大手商社に決めたのですが、その理由をこう話してくれました。「座談会などの雰囲気が楽しかったです。日本の会社は人間関係が大事だと思うので、どんな人と一緒に働きたいかを考えました。好奇心があって、色々深掘りするタイプなので、今希望する仕事以外の担当になっても楽しめると思いました。中国人の周りの学生はこういうタイプの人が多い気がします」

中国出身の李さんは、「イギリスの大学院卒業後、日本に来たので、最初の何か月かは就活の仕組みがわからず大変でした。今は日本企業の採用について理解してきましたが、当時は面接で個人の趣味・長所・短所などを聞かれて、何の意味があるのかと戸惑うこともありました。イギリスや中国では、そういう個人的なことではなく、大学での専攻やどういう経験やスキルがあるかが問われるためです」。

中国出身の周さんは、「日本での就職活動について、日本でも4社くらい受けて面接しました。ただ、正直なところ日本語力に自信がなく、日本の企業文化などあまり詳しくなかったので、日本でやっていけるか自信がありませんでした。来日前にN1を取得していましたが、試験では会話をしませんから」と話します。彼女は流暢な日本語を話しますが、それでも会話には自信がなかったといいます。

ブラジル出身のサントスさんは、就職活動は就職する1年前に始めていました。それでも、「授業や説明会などを通して、日本では1年前から始める必要があると知ってはいましたが、すごく早いと感じていて、企業説明会に行ったとしても、自分には就職の機会がないのではと思っていました」と話します。また、英語で授業がある国際プログラムを卒業していることの難しさもあります。「英語で説明会が開催される会社は非常に限られており、さらに英語で開催されてもほとんどの企業は理系人材を希望する傾向にあります。文系専攻の場合はかなり狭き門です。それなら外資系企業がいいかと思って話を聞いてみましたが、こうした企業はクライアントが基本的に全て日本企業なので、より完璧な日本語が求められることになるとわかり、途方に暮れました」

その転機となったのは、英語で開催された東京大学のジョブフェアだったと言います。サントスさんは、「ジョブフェアであるメーカーの話を聞き興味を持ちました。ES・SPIは英語で受験でき、そのおかげで面接まで進むことができました。面接は日本語で行われましたが、問題ありませんでした。スピーキングよりも書く方が難しかったため、テストが英語で受験できるのは良かったです」と活動を振り返ります。

アメリカ人のケンさんは、「日本企業で面接をした時、違和感がありました。欧米人は職務経験がある留学生が多いので、その業界での情報や人脈なども持っている場合が多いです。でも、日本の就職活動だと新卒として採用になるので、職務経験がないほうがうまくいく印象があります」と、企業と学生の期待にミスマッチがあると話します。実際、修士課程などでは新卒でも20代後半や30歳近い留学生もいます。単純に留学生を全員新卒として同じカテゴリーで採用するのではなく、就業経験があるかどうかで新卒、第2新卒、中途採用のようにカテゴリーを分けて考えることも必要でしょう。

3割が就職できない中国の就職難

これまで外国人留学生が日本で働きたい理由や日本での就職活動について見てきました。しかし、現状3割が日本で就職できないということは、当然帰国する外国人もいることになります。彼らは帰国すると就職しやすくなるのでしょうか。

先にお話ししたように、中国では大学数および大学生数が増加しており、大学生の就職難が深刻化しています。中国の大卒者の未就職者数は、大学数・入学募集数の拡大が始まった1999年には17・6万人でしたが、2003年には56・3万人に増加、その後も増え続けて2010年には175万人に達しています。就職率も、1990年代後半に落ち込み始め、2003年に70％に落ち込んだ後は同様の水準で推移し、2010年には72・2％となりまし

た（蒋純青［２０１３］「中国の大卒者就職制度の変遷」『専修大学社会科学研究所月報』）。

就職率は大きく変わっていないように見えますが、大学生数が急増しているため、現在も大学生の就職難は続いており、近年では大きな社会問題となっています。中国では欧米と同様、新学期が9月から始まり、6月頃に卒業しますが、就職活動は2回ピークの時期があります。卒業前の4年生の新学期が始まる9月～10月と卒業が近づく2月～3月頃で、それぞれ2～3か月ほど続きます。

上海の日系コンサルティング会社で働く周さんは、「来日して大学院1年生の夏休みの時に、中国に帰国して大手企業で1か月インターンしました。上海で仕事をしたいと思っていたので、日本で留学生向けに中国の日系企業での合同説明会があって参加し、20社の日本企業を回って、待遇やインターネットの口コミや先輩社員の評判も良かったので決めました。上海の戸籍をもらいたいので、その場合は、ある程度の賃金・税金水準に達してないと戸籍をもらえる機会がないため、都市部以外の出身者は帰国時に絶対に考える必要があります」と話します。

周さんは入社後1年間日本本社で研修を受けています。彼女に中国での就職活動がどう進むかを聞いてみると、「毎年夏休みから10月頃まで中国では採用活動をして、10月末くらいに来年の内定を出します。中国の大学で新卒の場合はどの大学を卒業したか、かなり学歴を見られます。海外に留学した中国人学生向けの説明会もありますが、欧米系の留学生向けが大半で日本や韓国への留学生はあまり存在感がありません。日本だと東京大学・早稲田大学などごく一部の有名大学だけが対象になるという印象ですね」と答えてくれました。

しかし、それでは留学後中国に戻っても就職が厳しいのではないかと思ったのですが、周さんは、「確かに日本のように新卒採用計画がきっちりあるわけではないので厳しいですが、どの会社にも入れないわけではありません。大学生はみな投資銀行やコンサルティング会社など、良い企業や業界のトップ企業を希望する傾向にありますが、結局社会的面子やお金が理由です。ですから仕事がないわけではないのです」と話してくれました。ただ、希望の企業に入社できない場合は、1年間大手企業のインターンなどを経験して再度就職にチャレンジする学生も多いといいます。

「大企業に入れないなら帰国」を考える中国人留学生

関東の国公立大学のキャリアカウンセラーKさんによると、中国人の大学院生は増えていますが、文系学生の就職は大変だということです。Kさんは、「日本まで留学したのに誰も名前を知らない中小企業に入るくらいなら、中国に帰ってきなさいと親から言われる学生も多いのです。こうした家族からのプレッシャーや社会的地位や面子・プライドにこだわる学生が大企業に入れなかった時に、どうやって中小企業に目を向けさせるかが大きな課題になっています」と悩みを話してくれました。

中国人留学生は男女ともに裕福な家庭で育っているため、日本で就職できないなら帰国しなさいと言われて毎年30%程度が帰国しているということです。さらには、前にもお話したように「日本企業に入らなくても、海外大学院卒の箔をつけて帰国して中国で就職できる環境になっていることもあり、日本企業が徐々に選ばれなくなってきている状況を危惧しています」と語ってくれました。また、「日本での就職を考える学生は、中国人が通う就活塾に何十万円という費用を払って通うケースも多いです。就活スキルや面接の受け答えなどのノウハウを学んで、日本の一流メーカーに入社する者もいます」と、就職活動をノウハウで乗り切るケースも見られると言います。

column

海外からも直接採用される高度外国人材

これまで日本に来る留学生が日本で働きたい理由を見てきましたが、実は海外から直接採用される高度外国人材も増えています。高度外国人材（とその卵）の受け入れ方法については、大きく分けてグローバル採用（海外直接採用）と日本の留学生採用の2つがあります。グローバル採用の場合は、インドのインド工科大学（ＩＩＴ）や中国の清華大学、シンガポールのシンガポール国立大学（ＮＵＳ）など海外の有名大学を中心に現地でリクルーティングをして、日本に誘致する形が多いです。

最近では、ＩＴ人材をはじめ高度な専門技術を持った専門職人材の採用が、中国、インド、ベトナム、その他東南アジアなどから始まっています。主な理由は日本でこうした人材が不足しているためです。コロナ禍で来日できない状況が続いていますが、中長期的に見ると、こうした日本では採用が難しいＡＩ技術者、データサイエンティストなどのＩＴ人材をはじめとして、文系でも専門職など特定分野を中心にグローバル採用の需要は高い状況です。

厚生労働省の「外国人雇用状況の届出状況まとめ」（２０１９年10月末時点）によると、２０１９年の外国人労働者数は１６５万８８０４人で、前年比13・６％の増加となり、２００７年に届出が義務化されて以降、過去最高を更新しました。高度外国人材は在留資格別では、「専門的・技術的分野」にあたりますが、この労働者数も前年比18・9％増の32万9034人となっています。

この「専門的・技術的分野」の中で国籍別に見ると、中国が最も多く11・4万人（同分野の34・9％）。次いでベトナム4・9万人（同14・9％）、韓国、アメリカ、ネパール、フィリピンの順となっており、国内で働く高度外国人材の「アジア化」が起こっています。「専門的・技術的分野」のうち「技術・人文知識・国際業務」が最も多く、内容は主に企業で働く技術者やマーケティング・海外業務従事者などを含みます。

法務省によると、2018年に「技術・人文知識・国際業務」に関わる在留資格の認定を新たに受けた外国人は4万1510人で、うちIT人材にあたる技術開発（情報処理分野）が全体の16・5％と最も多く、それ以外に設計が10％、技術開発（情報処理分野以外）が9・6％と、合計すると技術系で全体の4割近くを占めています。同じ年の留学生の在留資格変更許可数は2万5942人で、うち「技術・人文知識・国際業務」が2万4188人と全体の93％を占めました。「技術・人文知識・国際業務」で比較すると、海外からの直接採用の方が留学生よりも多い状況となっています。

IT人材で有名なインドを見てみましょう。2016年にバンガロール大学日本語学科で話を聞いたところ、日本企業についての授業を受けてみたい学生は大学生・大学院生を中心に、日本語学部以外にもIT、観光、経営、貿易、経済など幅広くいるということでした。その背景には、メーカー以外にも様々な業界の日本企業がインドに進出するようになったことがあります。「エンジニアリング/経営+日本語」といったように、専門分野に日本語が加わると就職につながりやすいという面もあります。また、海外で働くことを考えた場合、アメリカのビザ審査の厳格化の影響などもあり、英語以外の言語を学ぶ需要が出てきています。日本語学科では、IT、ツーリズム、ホスピタリティ、メディカルツーリズム、貿易・商業などの業種に特化した専門コースも検討しているとのことでした。

仕事を探すのであれば、アメリカ以外にも欧州やシンガポールなど東南アジアもありますが、なぜ日本なのでしょうか。欧州は経済の停滞感や社会的に不安定な状況があるため、以前ほどニーズが伸びておらず、代わりに日本や中国など東アジアに目を向け始めているということです。インドは人口が多く、エンジニア人口も多くなるため、就職の競争が激しく、外国語を含め何らかの差別化が必要になります。そもそもインドでは、大学設立がビジネスにもなっていて大学や大学院が急増しており、インドの国内線の機内誌を読んでいると、私立大学の広告が大きく掲載されているほどです。

日本に留学後、日本企業で働くベトナム人のグエンさんは以前、ベトナムの合同説明会から日本本社での採用に応募した経験があります。グエンさんは、「日本の大手企業の海外採用では、潜在能力や仕事に対する考え方を見て、日本語があまり話せなくても採用する印象がありました」と話します。就活で面接時に他の外国人とも一緒になったことがあり、途中から英語で答えていた人もいたということです。

グエンさんは、「海外採用の方が入社しやすい印象がありました。日本では日本人学生と競争しないといけないので大変ですが、海外だと外国人しかいないので日本語のレベルもそこまで気にしなくて良いです」と話します。実際に、知り合いの中国人で同じ会社に応募して、1回目は日本人と同じように日本で受けて不採用だったが、海外採用枠で中国から受けたら内定をもらった人がいるといいます。

しかし、グエンさんによれば「私たち留学生は日本人の考え方を分かっていますが、海外採用で日本の本社で英語を使って働いている人は欧米系企業の考えに近い人が多く、カルチャーショックだと思います。こういう人は大企業の財務・会計・エンジニアなどの専門職に多い気がします」ということです。

Interview

ソニー

世界中から人材を採用し、クリエイティブなR&Dを

ソニーは、2000年頃から外国籍社員を日本でも積極的に採用してきましたが、最近は世界中からエンジニアを中心にR&D部門での採用を活性化しています。エレクトロニクス部門だけではなく、エンタテインメントや金融も含めたグループ全体のR&Dが求められる中、より創造的でイノベーションが起こせる人材が必要なためです。

本社での外国人採用や多様性を活用したイノベーションをいかに起こすか、社内の人事制度やバイリンガル化の変遷、海外ラボとの交流などについて、ソニーピープルソリューションズ株式会社 人事2部 グローバル人事戦略担当部長の橋本征義氏、国際人事部 海外赴任者人事グループ 統括課長の茂木美沙都氏の両名に聞きました。

留学生も海外からの技術者も積極的に採用を

問：本社における外国籍社員はいつ頃から積極採用されているのでしょうか？

茂木：日本の大学に在籍している留学生を中心に外国籍社員の採用は以前から行っていましたが、2000年頃から中国・インドを皮切りにグローバル採用として海外大卒の外国籍人材を採用し始め、その後、地域を広げてコンスタントに採用しています。国内ソニーグループ全体で外国籍社員は数百名いますが、特に近年R&D部門を筆頭に増えてきました。新卒、トップマネジメントだけでなく、部長や統括課長など中間管理職レベル、その下の層のポジションの外国籍社員もいます。また、新卒からの生え抜きだけではなく、経験者採用も行っています。

問：採用の際には、日本語だけでなく、英語で書類選考や面接なども実施されていますか？

茂木：日本語が話せない場合は英語での面接も行っています。日本にある英語コース卒業の留学生も採用の対象にしています。また海外からのインターンシップ受け入れや英語による積極的な情報発信など、外国籍の方にも広くソニーを理解してもらい、採用につなげるための工夫をしています。

問：R&D部門の外国籍社員採用が増えているとのことですが、海外からのIT技術者の採用も増やす予定ですか？　その背景にはGAFAやスタートアップとの競争があるのでしょうか？

橋本：今後ＩＴ人材に限らず、外国籍人材の採用を増やしていきたいと考えています。背景要因として一番大きいのはエンジニアなどの獲得競争です。ソニーの将来のビジネスに必要な人材を採用するのが基本で、全世界の学会や海外の大学から採用しています。ＧＡＦＡとの競争はＡＩ人材などになるので、全体で見ると５～10％程度でそれほどありません。ソニーは技術領域が広いため、デバイス系、素材系、通信系など様々なエンジニアが必要になり、それぞれの業界の企業と競合するということです。スタートアップ志望者はソニーとの競合というよりも、最初からそこを目指している印象があり、どちらかというと大学などで研究活動を続けたいという人をどうソニーに振り向かせるかが重要だと考えています。

問：新卒でもエンジニアには大幅な給与格差をつけていくということですが、その仕組みを教えて下さい。

橋本：ソニーの場合、ＡＩのエンジニアなど職種に限らず、入社直後から年功序列ではなく働きに見合う給与を支払うという取り組みが根底にあります。以前からジョブグレードをベースにした役割等級制度にしており、役割ごとに給与レンジが設定されていてその役割に応じた評価をするということです。

給与制度は、グローバルで統一されているわけではなく、地域ごとに現地の市場に合った給与水準が設定されています。例えば同じ仕事をしていても、シリコンバレーの方が東京本社より高い給与になることもありますが、それは現地の物価や生活水準を考慮しているものです。

問：役割等級制度を導入したからといって、日本企業のチームワークや人材育成などの強みが失われるわけではないのでしょうか？

茂木：よく役割を明確にすると、自分の役割にない仕事をひろわなくなり、チームワークが損なわれるといった懸念を示されることがありますが、そんなことはありません。なぜなら、どんな職種であっても仕事の多くは自分だけで完結しないので、関係者とコミュニケーションを取りつつ人を巻き込んで協力し合うことが大事だからです。一方、外国籍社員からすればより役割や職務を明確にしてほしいという意見もあるので、マネジメントのコミュニケーションの仕方にもさらなる工夫が求められていると思います。

ダイバーシティを活用して地球規模の課題に対するイノベーションを

問：外国籍社員を含め、ダイバーシティを組織に導入することで利益や生産性が上がるのかといった意見も企業からは聞かれますが、外国籍社員が関わることでイノベーションが実際に起こった事例などあれば教えてください。

茂木：国内ソニーグループでは、DIVI@Sony（Diversity Initiative for Value Innovation at Sony）というダイバーシティ推進活動を行っています。国籍に関係なく社員がより働きやすい環境づくりを目指して、社内アンケートやインタビューを実施し、外国籍社員の活躍推進に必要な施策の検討・実施に取り組んでいます。文化的バックグラウンドが異なる社員や様々な価値観を持つメンバーと働くことは、ときにコミュニケーションや仕事の進め方の難しさを実感することはあるものの、自分にはない斬新なアイディアや発想を生み出すことにつながったり、刺激を受けたりするといったポジティブな声が多く聞かれます。

橋本：R&Dについては、3年~10年のスパンで形になっていくもので、2019年から外国籍社員の採用を加速しているので、真価を出すのはこれからの組織全体の課題です。ただ、海外のラボと日本のラボが活発に交流することで、日本と海外の間の垣根が下がっている手ごたえはあります。

問：外国籍社員の方との仕事で大変なところをどう乗り越えられたか教えてください。

茂木：異文化コミュニケーションにおいては、あうんの呼吸のように曖昧なフィードバックや指示などは伝わらないことが多いので、それを言語化していくことが大事です。マネジメントや社員に対し、異なる文化や考え方を持った人たちと仕事をするためのヒントを学ぶワークショップやイベントなどを今後も継続的に実施していくことが重要だと思っています。

問：こうした多様性を活用して、どのようなイノベーションを生み出したいのでしょうか？

橋本：3点あります。1つは、エレクトロニクス、エンタテインメント、金融領域に貢献する技術です。2つ目はこれまでやっていない技術領域とビジネス領域での挑戦です。社員のボトムアップ提案活動からも多様性を活かした面白い提案が出ています。3つ目は、SDGsで掲げられているような地球規模の課題に対して貢献できるイノベーションを考えています。これまでにない領域におけるイノベーションでは外国人も含めたダイバーシティの力が必要です。また、社内のダイバーシティもありますが、外部との協力も含めて内部と外部との協業も考えています。地球規模の課題としては、例えば環境問題などが挙げられます。

日本と海外のラボのトップを入れ替え

問：歴史を振り返ると、2005年にハワード・ストリンガー氏がトップになるなどの転換点があったと思いますが、こうした流れの中で外国籍社員をたばねる人事制度は変わってきているのでしょうか?

茂木:ストリンガー氏がCEOに就任した頃から社内のバイリンガル化が加速したと思います。現在では全社員向け配信メールは和英での表記が推奨されており、また社内ウェブサイトやシステムのバイリンガル化も推進しています。

問:R&D部門ではいかがでしょうか?

橋本:R&D部門はグローバルに社員がいて70%~80%が東京、それ以外には欧州、米国、中国、インドなどにいます。専務の勝本徹がR&D部門長として就任したのが2018年で、世界的に勝てるR&D拠点にしようと言っています。彼はダイバーシティを「幅」と定義していて、単一文化だと思考も狭まるため、コミュニケーションコストがかかってもありとあらゆるダイバーシティを広げようという形になりました。ソニーの場合は、特定領域の技術のみでなく、データ、画像、音声、AI、LCD、半導体素子など多種多様な研究があり、こうした技術的多様性があるのも重要です。なぜなら、技術の融合領域にイノベーションの種があるからです。

問：具体的な打ち手としては何がありますか？

橋本：2019年から、海外ラボのヘッドと日本のラボのシニアな部門長が5～6名ほどお互いにマネジメントポジションを交換しているところです。ソニーのR&Dのリーダーシップを再構成するために、ドイツ人、中国系アメリカ人などの方々を入れました。こうした多様な人材が入ってくると、情報共有と透明化が大事になるため、会議は英語になります。情報格差をなくすために、同時期から経営会議をはじめ様々な会議の議事録は全て英語にして、日本および海外法人の社員にも全て共有しています。

一方で、日本に来ている外国籍社員には日本語学習のサポートもしていて、ドイツ人の方は50歳になって初めて日本語を勉強し始め、英語の会議でも冒頭は「こんにちは」と日本語で部屋に入ってきます。英語が苦手な日本人社員には英語のプログラムを提供しています。海外のラボとの研究開発は今までも行っていましたが、海外関連以外の技術チームは日本語のみでオペレーションしていました。しかし、勝本が着任してから全体として面で英語やダイバーシティを導入するようにリーダーシップを発揮しています。

問：なぜそこまでの問題意識を持たれたのでしょうか？　日本企業が得意なデバイスはそこまでしなくていいのではと思う人もいますが、やはりＡＩ・画像などの人材獲得競争が激化しているからですか？

橋本：今の経営チームがソニーグループをどういう存在に位置付けるか話し合った際に、「テクノロジーに裏打ちされたクリエイティブエンタテインメントカンパニーだ。ということはＲ＆Ｄがカギになる」という話になりました。歴史的にはエレクトロニクスの研究開発をやっていましたが、それをエンタテインメントや金融なども含めたソニーグループ全体の研究開発に変更してほしいという要望がありました。エンタテインメントビジネスは、グローバルなアーティストや映画といった部分もありますが、地域性も強くでるビジネスです。例えば、ソニー・ピクチャーズ エンタテインメントのサービスがインドで50％以上のシェアを占めるなどの状況になっています。ユーザーの心に響かせるものをクリエイトするには、ユーザー心理を理解して研究開発しなければならないということです。

問：社内言語については、Ｒ＆Ｄ部門だけでなく全社でバイリンガル化が進んでいるのでしょうか？

橋本：進展はしていますが、英語が公用語ではありません。社内システムのバイリンガル化は進んでいますが、義務ではありません。ただし、海外でのＭ＆Ａも増えているので必要に迫られて実施することは増えるでしょう。例えば、中国法人を見ても、中国の販売担当の社員に英語を求めることはありませんが、社内コミュニケーションは中英併記としており、海外現地法人もこうした形になっています。

問：R&D部門では、コロナ後の外国籍社員の雇用や働き方の変化はありますか？

橋本：場所や国を問わず良い研究開発ができるのが一番です。コロナになってリモートワークが前提の働き方になり、これまでよりも場所にかかわらず会議に参加できたり、情報共有が進んだ側面があったりします。ただ、この大規模なリモートワークの中でどうイノベーションを起こすかは課題です。例えば、知らない人との出会いなど偶然による発見はリモートだと生まれにくいという話が出ています。海外での採用についても、面接や採用までは進みますが、入国制限で実際に日本に来てもらうのが難しい状況です。それを最初からリモートワークとなると、主たる勤務地をどうするかなど法的な壁もありますし、研究開発では実験装置が必要な場合もあるのが今後の課題です。

第3章

「日英ミックス」から始まる日本本社のグローバル化

みなさん、こんにちは。それでは第4回目の「日本産業論」を始めたいと思います。本日のゲストは、マブチモーター株式会社人事部人材開発グループのKさんです。みなさん、拍手をお願いします。前回は外国人留学生と日本企業の採用ミスマッチについて学びました。今日は日本企業のグローバル化と社内の日英バイリンガル化や働き方について議論を進めていきます。これは日本企業がグローバル展開を進めていく中で直面する問題でもあり、またみなさんが日本企業で働く時にも、必ず直面する言葉やコミュニケーションの問題です。マブチモーターは小型直流（ブラシ付）モーター市場で世界シェアトップの企業として知られており、今日は外国人採用の変化と社内バイリンガル化の状況について説明いただきます。

講義：海外生産100%、トップ主導で本社を日英バイリンガル化

みなさん、こんにちは。私たちの製品は、玩具用モーターから始まりました。この写真にあるような玩具で遊んだことがある人はいますか？　あ、いましたね。これは日本では有名な鉄道の玩具ですが、このモーターは私たちの製品です。そこから発展して、現在では、家電、電動工具、自動車電装、移動体など様々な用途のモーターを製造しています。例えば、この車のドアミラー用のモーター市場で当社は世界シェア8割以上です。また、日常生活で使われる、

インクジェットプリンター、シェーバー、電動アシスト自転車など様々な製品で数多く使われています。

売上高は増加傾向にあり、2012年の852億円から2018年には1431億円に伸びています。マブチモーターの特徴は営業利益（オペレーティング・プロフィット）率が同業他社に比べて高いことです。製造業では平均4％程度、大企業でも5～7％程度とされますが、マブチモーターは14・8％（2018年）と高い利益率になっています。

企業経営と日々のオペレーションの根幹となる経営理念は「国際社会への貢献とその継続的拡大」です。世界に通用するモーターを生産し、それを実現する人材を育てることが、マブチの重要なミッションになっています。このミッションを体現するように、日本以外に、中国、台湾、ベトナム、メキシコ、ポーランドなど生産拠点を世界に広く展開し、年間約14億個のモーターの全てを国外で生産しています。海外生産比率100％、海外売上比率は約90％となっています。

次に、キャリアパスについてお話しします。マブチモーターには営業、開発、品質保証、購買、経営管理、生産管理、海外工場のマネジメントなど多岐にわたる仕事があります。会社としては、英語人材の登用を積極的に進めています。入社後は、文系学生には2か月の研修、理系学生には海外研修を含む1年間の研修を実施します。また、外国籍人材には、日本居住に必要な文書作成の支援を行います。社員寮もあります。

九門：ありがとうございました。本日は同社のJさん（アメリカ国籍）にも来ていただいていますので、少し自己紹介をお願いします。

J：ありがとうございます。私はアメリカのミネソタ州出身で大学卒業後、日本語学校に通ってマブチモーターに入社しました。まず2年人事部門で仕事をし、その後2年間にわたり経営企画部門に所属しています。

九門：ありがとうございます。それでは、受講生からの質問を受ける前に、少し私から補足的な質問をさせてください。まずは、社内での日本語の使用頻度や社内英語化についてはどうですか？

J：部署によります。例えば、営業部門ではかなり英語を使うことが多いです。ただし、基本的な日本語を話せることは日常業務をスムーズに進める上でプラスになると思います。なお、日本語が流暢でないことを理由に採用しないということはありません。

また過去数年、社内で使用する文書の日英バイリンガル化も進めています。今バイリンガル化への移行中というフェーズにあり、会議やメールも英語で実施することが増えてきています。

バイリンガル化ができるのは、トップの意思も大きいですし、本社で800人強という会社の規模感も関係している気がします。例えば、規模が数千人と大きくなるとなかなか迅速な導入は難しいかもしれません（ちなみに、海外拠点を含めたグループ全体では約2万人の社員がいます）。

ありがとうございます。よくわかりました。それでは、みなさんはグループに分かれて今の内容について議論した上で、質問を考えてください。

外国人に日本語は問わず通年採用

問（イタリア人）：海外での生産が100％ということですが、近年のAIの発達や工場のオートメーションによって、生産現場での賃金はどう変化しましたか？

J：従来労働人口の多くを占めていた中国や東南アジアでの賃金上昇もあり、生産のオートメーションは加速しています。結果、生産ラインの自動化が進みました。AIについては、製造以外の分野での活用が、今後の課題です。

問（オーストラリア人）：スキルミスマッチについてお聞きしたいです。エンジニアとして採用された新卒学生が1年間の研修を受けるということでしたが、それが企業で働くのに十分かどうか、またそれにかかる教育コストと従業員引き留めへの効果などについて教えてください。

J：当社の離職率は非常に低い水準です。エンジニアたちが半年ごとに製品開発、プロセスエンジニアリングなど様々な部署を経験するトレーニングがあります。つまり、エンジニアが他部署のことを全く知らないわけではありません。これは社内インターンシップ制度と呼ばれ、専門知識がない社員に対する日本企業に特有の人材育成方法です。

問（インド人）：採用や昇進におけるジェンダーに関するポリシーについて教えてください。

J：新卒は総合職採用のみです。最近2人女性の社外取締役を迎え、その1人はアメリカ人で、私はその方と仕事をすることもあります。よりジェンダーバランスがとれるような方向に向けて努力しています。

九門：今の質問に関連して、外国籍社員の採用プロセスについてもう少し説明をしてもらえますか？

K：3つのステップがあります。履歴書の提出、面接が2回というステップです。通常の日本企業は毎年3月に就職活動が始まるような制限がありますが、私たちはかなり柔軟で、通年採用をしています。いつ応募してもらっても構いません。また、日本語の要求基準もありません(履歴書を英語で提出しても構いません)。

20年卒の新卒採用では、約30人中2人が外国籍社員でした。合計で約30人の外国籍社員がいます。数年前に採用を始めた頃はN1、N2を取得している人という条件にしていましたが、今はなくなりました。ただし、日本語の資格を取得できれば奨励金を出すような取り組みもしています。選考プロセスは日本人と同じ適性検査を受けますが、検査は英語で受けることもできます。

九門：最初に外国人採用を始めた時から変わったきっかけは何ですか?

K：当社は100%海外生産で売上の90%以上が海外によるものです。そのオペレーションを全て日本語で行うというのが時代遅れなのではということで、日本人側も英語を勉強するという方向性に変わりました。当社では、上のポジションになるほど海外駐在経験がある人が多く、英語を話す環境があるというのも大きいかも知れません。中国に駐在経験がある人も多いので、中国語を話せる人も多いです。

九門：本社から現地法人への異動もあるのでしょうか？

K：はい、あります。実際に中国やアジアの拠点に異動した社員はいます。外国籍社員にも異動がありメキシコ出身やベトナム出身でポーランドに異動した社員もいます。

問（フランス人）：御社はグローバルに積極的に展開されているということですが、本社は日本にあります。海外に地域本社設立などは考えていますか？

K：中国に地域本社を置くことを考えています（編集注：2019年に設置済み）

問：一般的に、外国人材が応募した際にどういう理由で落ちることが多いですか？　何かそういう状況にならないようにアドバイスがあればお願いします。

J：それは難しい質問ですね。日本語レベルを理由に落とされることはありません。1つ言えるのは、もし日本語がそれほど話せない場合は、別の経験などジョブフィット（加えて会社のカルチャーにフィットするかどうか）があるかどうかが重要だと思います。

九門：通常、日本企業は新卒学生に対して専門性やスキルを求めない傾向にありますが、「ジョブフィット」というのはどういう意味なのでしょうか？

J：日本の一般的な採用プロセスだと、日本語が話せないと少し就職のプロセスに入っていく際に不利にはなると思います。ですから、もし日本語がそれほど流暢でないのであれば、何か専門性やスキルがあった方が良いのではないかということです。

問（中国人）：今御社のサイトを確認しましたが、育休について3年間とれるということですが、3年間は長い期間なので、復帰後女性が元のポジションに戻ることはできますか？　また、父親は3年間休めますか？

J：女性は育休を最高3年まで取ることができます。復帰後は元の部署に戻ることができます。男性も同様に3年間の取得が可能です。

問（アメリカ人）：言語の基準はないということですが、社内研修の言語は日本語でされますか？　日本語が話せない社員に対してはどのように対応したり、また職場のカルチャーに適合できるようにしたりしていますか？

J：これまで英語で行う必要や状況があまりなかったため、現時点だとトレーニングは日本語が中心ですが、日本語が話せない人がいる場合には、英語で対応します。もちろん英文の資料はあり、新入社員研修などでは活用しています。

Interview

日立製作所

グローバル人事戦略で外国人材の多様性を活かす

日立製作所は、2011年からグローバル人財マネジメントの改革を始め、日本を含めて世界共通の人事制度の構築に取り組んできました。2011年度から新卒採用の1割を外国籍社員という目標を掲げ、研究開発など職種によっては英語での採用選考や勤務も行っています。その背景には、日立グループは、2019年度の海外の売上比率が48%、海外従業員数比率は46%となってグローバル化が進み、経営トップ層にも外国人が増えていることがあります。イギリス人のアリステア・ドーマー氏はビルシステム事業、鉄道事業の両方を担当しており、現在本社の副社長(代表執行役 執行役副社長)となっています。研究開発部門では、インドのMITと呼ばれるインド工科大学(IIT)の学生をデジタル人材として2019年度は10名程採用していますが、その陰にはインドでのグーグルやマイクロソフトとの熾烈な人材獲得競争があります。

本社での外国人採用やグローバルでの仕組みの共通化の効果、日本企業の経営で何を強みとしていくかについて、日立製作所の代表執行役 執行役専務の中畑英信氏に聞きました。

「緩やかなジョブ型」で社内公募やFA制度の拡大を目指す

問：御社はジョブ型の導入を促進されていますが、新卒にもジョブ型を導入するのでしょうか？

中畑：新卒もジョブ型にしようと思っていますが、まだジョブディスクリプション（職務記述書）など仕組みができていません。従来の採用プロセスでは、「事務系」という大きな枠で採用を決定し、内定後の配属面談で、人事、財務などに振り分けてきました。しかし、今後はこの振り分けは採用時点からしたいと思います。技術系はもともと専門性とマッチさせる配属をしていましたが、デジタル事業を伸ばしていくため、よりデジタル人材の採用を強化していきたいと思います。

問：外国人にはジョブ型でないと理解されにくいということですが、中国人やブラジル人など私の東大での教え子に聞いていると、新卒のファーストジョブだと必ずしも専門性が高い業務を希望しない留学生もいます。むしろ、大学の専門ではないキャリアに変えたいという理由で日本企業を希望する人もいます。ジョブ型だとそれは難しくなりますが、いかがでしょうか？

中畑：よく言われる欧米的な厳格なジョブ型にするということではないです。ただ、今までのメンバーシップ型だとあまりにも職務内容を明らかにする書類が何もなかったので、ここは明確にする必要があると思います。また、社員自身からこの業務を担当したいという意思表明もしやすくなります。ジョブ型で入社したけれどそれで合わなければ入社後に変更できるような仕組みを目指しています。

現在も社内公募やFA制度がありますが、これらの制度をより拡充していくようなイメージです。よく言われるのは、ジョブ型だからこの限定された職務しかしないという話ですが、下位のポジションの社員は別として、ホワイトカラーで上位に行くとそういう社員はいません。これは外資系企業でも多くは同じではないかと思います。

問：日本企業の強みの1つは現場でのチームワークやイノベーションだと思いますが、ジョブ型がチームワークを阻害することはないのでしょうか？

中畑：それはないと思います。現在、日立のコーポレート人事部門は多国籍の人材によってジョブ型の考え方で仕事を行っています。その印象では、各社員のジョブディスクリプションから漏れる業務も出てきますが、それは誰かが拾う形になっています。メンバーシップ型で仕事をしていた時と今のジョブ型で仕事をしている現在で、チームワークに変化はありません。むしろ、今後はメンバーシップ型の方が、仕事はやりにくくなると思います。昔は顧客も日立の社員も日本人の男性正社員という社会で土日も仕事をするような時代でした。また、ビジネス自体も大きく変わってきています。日立は2008年度に赤字を計上して事業自体が大きく変化しました。当時は韓国企業や中国企業に競争で負けてしまったのです。

しかし、今は女性、外国人社員、契約社員の方々などメンバーが多様になってきていて、一人ひとり多様な人材が必要になってきています。国内外の外国人と一緒に仕事をする必要があり、仕事の業務範囲もある程度明確にした上でのチームワークが求められます。

人材育成は「コスト」ではなく、「投資」

問：人材育成は日本企業の強みだと思いますが、欧米に比べて人材育成投資の比率は低いと言われます。どのように対応されていますか?

中畑：人材育成は「コスト」ではなく、「投資」だと常々言っています。日立でもリーマンショック以降、人材育成投資が落ち込んだことがありましたが、ここに投資しなければ、優秀な人材を引き付けることはできません。その投資をするために、まずジョブを明確にして、どういうスキルや能力が日立のビジネス展開に必要かを明確にする必要があります。日立アカデミーではデジタル分野について積極的に教育してもらっています。加えて、社員が自分の希望する仕事や成長の機会に自ら手を挙げることが必要ですが、そのためには会社が求める職務や必要なスキルを明示することが大事です。従来は、業務が忙しいのになぜ研修に出ないといけないのかというマインドになりがちでした。

また、シニアの社員を今後は年齢制限なく雇用していくことになると思いますが、（デジタル化を中心とした環境変化によって）これまで活躍できていた社員であっても、その仕事がなくなる可能性が高いのです。リカレント教育が必要と言われますが、これを進めるには社員にポジションがなくなる可能性とともに、新たなポジションに就ければ年齢が上がっても給与が変わらない可能性もあるということを示し、本人のモチベーションを高めてもらうことが必須です。

問：人材育成は社員の雇用維持にも関わるということですか？

中畑：そうです。社内の人材を教育していかないと雇用を確保できなくなるということです。なぜなら、今の事業がなくなっていく可能性があるので、その場合は人員を減らすことにもなります。ジョブ型にすることでポジションの責任・権限や必要な要件が明確になるため、それに向けたアクションをとりやすくなり雇用維持できる方向になると考えています。むしろ、何も示さないでビジネスがなくなった場合、その人員を社内で抱えることになり、それが会社の競争力を弱めることにつながります。

400人のグローバルリーダー候補の15%が外国人

問：離職率を低くするための話ですが、外国人社員と言ってもかなり多様なニーズを持っていると思います。人事制度改革というハードの部分のみならず、個々の社員に対して組織開発的なソフトな部分の対応をするためにその人のタイプやキャリア傾向を把握することも必要と思いますが、どういう対応をされていますか？

中畑：前提として、日立グループ全体では30万人の社員がいますが、うち日本人が16万人、外国人が14万人です。そのため、全世界共通の人財マネジメントにする必要があります。海外の離職率は10％程度ですが、これくらいは健全な状態です。日立全体で見ると離職率は1・6％なので明らかに差があります。ただ、私が日立アジアでシンガポールに駐在していた当初は25％の離職率でこれは危険な水準でした。

日本での人財マネジメントでいうと、全体としての管理から個の管理に持っていく必要があります。そのためにも、個々のスキルや経験を把握できるワークデイという人事マネジメントシステムを導入しています。これには本人がスキルや経験を入力し、上司の評価も入力します。この全世界データベースを通じてピープルアナリティクスによって、これまで見えなかった人に関わるデータの相関関係を分析し、新しい価値を提供していきたいと思います。1on1ミーティングも月1回は30分~1時間程度、テーマを決めずに実施するようにしています。

問：一方で、より早い成長を求めて転職するケースもありますが、昇進スピードを速める施策はありますか？　また、前向きな転職の場合はまた戻ってこれるような「出入り自由」にする必要があるのではないでしょうか？

中畑：基本的な考え方として、国籍や年齢に関係のないタレントマネジメントを行っていきます。その際にもジョブやポジションが明確になっていることは必要で、これをベースに若手社員を引き上げるようにしています。

経営幹部育成では400人くらい将来のグローバルリーダー候補を選出しており、うち外国人は15%、女性は13%を占めています。選抜された400人を見てみると、外国員社員は30代後半から40代前半で事業責任者に入っている人が多いのですが、日本人社員は40歳で課長ということが多いです。これだと日本人はいつまでも幹部になれないという危機感があり、最低35

歳前くらいに課長、40歳で部長を経験できるようにしたいと考えています。3年前より、将来の経営リーダー候補である優秀若手層「フューチャー50」を選抜して昇進スピードを速めています。ここには外国人は入っていますが、まだ少ないのが現状です。ABBパワーグリッド事業との合弁会社の幹部クラスが入ってくるだろうと予想していますし、鉄道事業の買収先やデジタルソリューションを提供する日立ヴァンタラなどにも優秀な人材がいるはずなので発掘していきます。

本社では日本語と英語の両方を活用

問：M&Aでグローバルに企業が統合されていく中で、共通な仕組みとしてデータベースで「見える化」していくという方向性ということですね？

中畑：そうです。まず、グローバル展開しないとだめですし、サービスとして顧客の課題を探せないとビジネスが難しい。これを日本人男性正社員だけでやることには限界があります。

問：日本で働きたい外国人からは日本語メイン・英語サブなど社内言語をミックスにしてほしいという話が多いのですが、社内バイリンガル化の可能性はありますか？

中畑：日立本社では、日本語と英語を両方活用しています。アリステア・ドーマー副社長が出る会議は全て英語になりますが、通常は日本語で業務を行っています。ただ、10年後はもしかすると全て英語になっているかもしれません。なぜなら、現在は海外売上48％、海外従業員46％ですが、2020年内にABBパワーグリッド事業やホンダ系列関連会社の買収が終わると、海外の売上・従業員比率が大幅に上昇します。あるフランス企業の最高人事責任者（CHRO）の方と話すと、2004年まではフランス語が共通語で役員の8割がフランス人でした。それが2005年に共通語を英語化して、現在は役員の7割が外国人に大きく変わりました。そう変えないと事業がグローバルに伸びなかったということなのです。

問：人事改革を進めるにあたっては、日本中心で日本人のみでオペレーションをしていくことへの強い危機感があったのではとも思いましたが、実際にそれを実感したシーンや気づきがあれば教えてください。

中畑：一般論では語りづらいので、日立のケースということでお話しします。日立にもグローバル競争に負けた経験があります。1990年度から2009年度まで低収益が続き、最終損益が赤字になった時もありました。このままだとどうなるのかという意識の時に2008年にリーマンショックが起きて瀕死の状態に陥り、国内事業メインでやっていっても後は縮小を続けるのみという状況でした。そこで、グローバル展開して、製造だけでなくサービスで勝負するという方向性を決断しました。ただ、その時に外国人材がいないとできないということが明らかになったのです。その後M&Aや外国人の活用を通じて、2010年度にV字回復し、2018年度に利益率を8%にまで上昇させることができました。

問：そうした経験から、日本人以外に外国人の優秀な社員もリテンションして、日立のために頑張ってもらう仕組みを作ったということですね。

中畑：リテンションについては、よく日本人はロイヤルティ（忠誠心）が高いということが言われますが、日立グループの従業員調査を世界13地域、60カ国（対象20万人）で行ったところ、「当面、日立で勤務するつもりである」と回答した比率は海外が8割程度で日本よりも高かったのです。それは2011年からの世界共通の人事制度の構築などの変化で、日立の戦略が海外の人にもわかりやすくなったからだと思います。それにより、アメリカでは優秀な人材が優秀な人材を連れてくるという好循環が起こっています。

問：日本企業はこれまでM&Aでは買収先に日本人幹部を送り込んでいくような方式でしたが、それでグローバルに統一していくのは難しいということでしょうか？

中畑：そうです。日立グループでは全従業員の約70％がホワイトカラーの社員で、工場で働く労働者の比率が多い他の製造業とは構造が違います。アメリカでＩＢＭのＨＤＤ事業を買収した際も、当時はグローバルな人事制度を持っていなかったため、買収先のＩＢＭの人事制度を使いました。その経験もあり、世界共通の人事システムの必要性を強く感じています。世界共通の人事システムを持っている日本企業はほとんどなく、多くの日本企業がＭ＆Ａ後にそういう失敗を重ねているのではないでしょうか。

グローバル人財制度が共通言語となり、「ステークホルダー重視」経営への理解が進む

問：現地法人の外国人社員が日本本社に異動するケースはどの程度起こっていますか？　また逆に本社の外国人社員が現地法人に異動する例はどれくらいありますか？

中畑：まずは役員など上のポジションで異動させるようにしています。アリステア・ドーマーは副社長で日本在住です。こうした現地法人にいたシニアマネジメント人材を日本本社で勤務させるような取り組みをしています。

問：今後上のポジションからミドルや下まで下ろしていくのでしょうか？

中畑：必ずしもそうとは言えません。鉄道部門トップのアンドリュー・バーはイギリス人でイギリス勤務ですが、全世界の鉄道ビジネスを担当しています。売上の80％は海外ですから、本社機能は日本よりも欧州に置いたほうが良いと考えています。実際には、鉄道ビジネスユニットでは、日本にいる社員も海外にいる社員も含めてバーチャルな組織を作っています。

問：そうなると、日本で採用した外国人社員を現地法人に派遣する必要性は必ずしもないということでしょうか？

中畑：日本本社で外国人は10％を目安として採用しています。海外でもし必要なポジションがあれば、同様に優秀な人材を現地法人で採用すればいいということになります。給与差も変わってきています。以前は日本の方が給与は高いという状況がありましたが、今は、欧米はもちろんシンガポールや上海など中国の一部都市でも日本より給与が高くなっています。

問：ジョブ型を取り入れたとしても、日本企業の強みとして長期的経営という方針は残すという点を挙げられていますが、この点について詳しくお話しください。

中畑：アメリカや欧州も短期的な株主重視の経営から、中長期的なステークホルダー重視の経営にシフトしていると感じています。例えば、ＥＳＧ投資、人材育成、環境への配慮などが挙げられますが、これは日本企業が昔から行ってきたことで、それが外国人にも受け入れられてきていると実感しています。海外法人のオフィスでは、「優れた自主技術・製品の開発を通じて社会に貢献する」という日立のミッションがイタリア語など現地の言葉で書かれていて、社員も積極的にミッションを共有しています。

問：つまり、長期的経営やステークホルダーへの配慮という点は残しつつ、グローバルに人財制度を同じにすることでそれが共通言語となり理解されやすくなったということでしょうか？

中畑：その通りです。制度が同じになることでシンガポール人、アメリカ人、イギリス人など各国の人事担当者が議論すると実力が明らかになります。以前は日本の人事担当者は外国人の人事と話しませんでした。それは日本と海外で制度が違うので、話してもお互いに理解できなかったためです。それが同じになると、日本人も発言して議論に参加しなければならなくなります。そうしないと実力を認めてもらえないのです。これは日本人が乗り超えないといけない壁です。人事だけでなく事業でも同じです。以前は日本の市場が海外より大きかったのですが、これだけ海外の市場が大きくなってくると、日本の市場を知っているだけではだめで、海外市場について日本人も議論して実力を見せなければ評価されません。

留学生・外国人社員に聞く：日本企業の良い点

留学生や外国人社員は日本企業のどういう点が良いと考えているのでしょうか。そして、日本企業が外国人社員を受け入れるにあたり、どういうことに気を付ける必要があるのでしょう。

インドネシア人のルディさんは、「会社がこれからグローバル化を進めようという方針なので、社員のみなさんが外国人社員に対してやさしいです。もし外国人社員が既に多い会社だと違うかもしれませんが、外国人社員が少ないからこそ大事にしてくれているという実感があります。また、相談できる人がいないと仕事がやりにくいですが、職場で相談できる人が多いのはいいですね」と話します。

外国人社員でないとわからない悩みもあるので、そういうネットワークを社員間で作っている会社もあると話したところ、「外国人のみのネットワークだと逆に疎外感を感じます。外国人だから、特別扱いしたり、仕事でも緩くしたりするのではなく、他の社員と同様にミスをしたらきちんと叱ってもらうことも大事です」と話してくれました。また、「歓迎会・送迎会などもあまり個人的に抵抗はありません。違うチームですがみんな知り合いになって人間関係ができるのはいいですね」と話します。外国人のメンターや外国人社員のネットワークは大事ではありますが、日本人社員と溶け込みやすくする取り組みも重要です。

中国人の周さんもそうした日本人社員との交流について、「インフォーマルに外国人と日本人が立ち上げた海外従業員と社員が交流できる組織があり、月1回くらいテーマを決めて話す機会があります。外国人にとって、良いところ、良くないところなどフランクに相談できますし、イングリッシュランチなど社内で日本人社員と一緒にできる活動が多いのは良いですね」と言います。外国人の意見を聞いて、彼らも相談しやすいような環境を作るのが大事なポイントとなります。

日本企業の人材育成システムについても好意的な意見が多く見られます。ミャンマー人のKさんは、「しっかりしたオペレーションのシステムがあるのがいいですね。人材育成システム、研修を受けてから何年経ったら何をするという育成計画が決まっているのは良い点です」と話します。

先述の上海出身の林さんは、「日本企業の人材育成は良い点だと思います。私は日本に長く住みたいので、自分の可能性を広げたいです。大手企業でしっかりした研修を受けていればその後色々な仕事にも対応できるでしょうし、中小企業にも転職しやすいと思います」と言います。ブラジル人のサントスさんは、「新卒が就職できるという社会的な安定性もあります。年金、税金などの対応を全部会社が手続きしてくれ、ビザ取得や費用負担をしてくれて、そのプロセスも教えてくれます。海外だと、税金の申告などは全部自分でやらなければならないので大変です」と、手続き面でのサポートの良さについても話しました。

日本企業の職場・働き方は何が問題なのか?

一方、職場の企業文化や残業などの生産性については、かなり多くの外国人が問題視する点です。2014年度に経済産業省が外国人社員に行ったアンケート調査では、企業と外国人社員における認識のギャップが顕著だったのは、「外国人の経営幹部への登用」と「長時間残業の見直し」でした(図1)。

残業や非生産的な仕事の仕方については、ネガティブな印象が根強くあるようです。スタートアップで働く李さんは、「今の職場のように、フレックスタイム制は働きやすいです。以前は伝統的な日本の会社にいましたが、あまり意味のない残業が多いのは慣れなかったです。友人の外国人のエンジニアが日本企業で働いていますが、仕事がなくてもみんなが残っているので21時過ぎまで残業しているそうです」と話します。また、働き方改革についても、「必ずこの時間に帰らなければならないというのもおかしく、働き方の選択肢があったほうがいいと思います。例えば、知り合いの人は、仕事がのってきた時にもっと仕事をしたいから無理に定時に帰さないでほしいと言っていました」と働き方を会社がコントロールするのではなく、もっ

【図1】外国人社員の定着の取組で重要だと思うもの（企業アンケート）、外国人社員の定着のために企業が取り組むべきこと（社員アンケート）

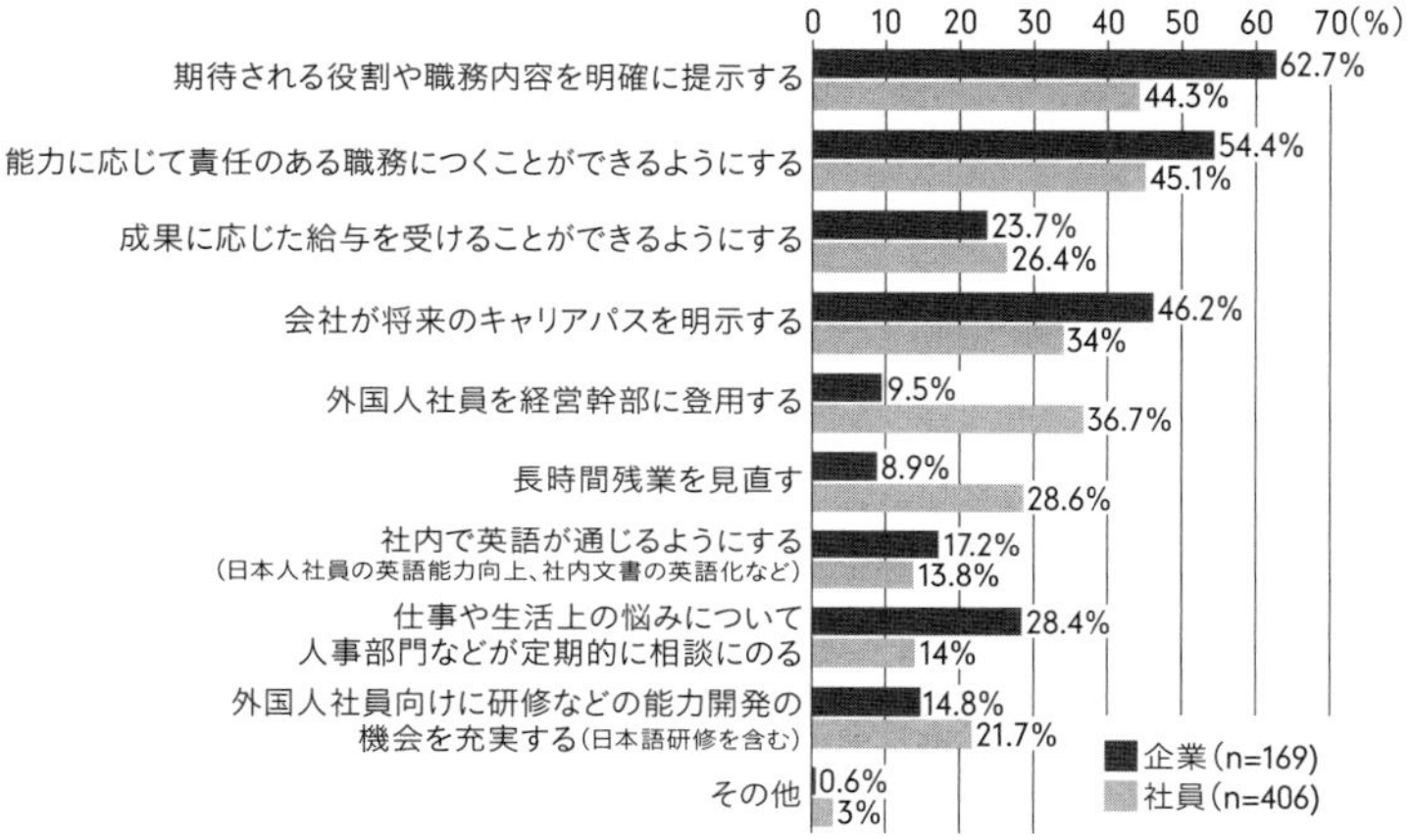

出所：経済産業省（2015）

と自由度を持たせてほしいと語ります。

また、IT企業で働く欧米人のエンジニアに仕事を選ぶ際の条件を聞いてみたところ、業務内容はもちろんですが、「残業の有無・通勤時間・オフィスの場所」などが真っ先に挙がりました。もっとキャリアパスや自分の関心にあった仕事かどうかを重視していると思っていたので、少し意外でした。しかし、話を聞いていると、「一番いやなのは毎日すし詰めの満員電車に乗って1時間以上も通勤することと、会議が長いことですね」と話していたので、残業含めたワークライフバランスが日本人の思っている以上に重要ということなのです。

インドネシア人のルディさんは、「上司にパソコンが苦手な人が多く、紙媒体も多いのでもっとデジタル化するべきではないでしょうか。上司や上の世代の人にパソコンやデジタル機器の再教育が必要と感じます」と、企業内でデジタル化が進まないことや資料作成がわかりにくいことを指摘します。

ルディさんは「本来プレゼンはプレゼンする人がメインで、資料はサブのはずです。つまり、究極は資料を見なくても話を聞いていればわかるはずなのです。でも、日本は書類で全てわからせようとするので、詰め込み型になり、さらに日本語の文字ばかりだと理解が大変です」と続けました。「印鑑の決済が多いのも意味がないと思いますし、各部署の進捗の報告会議も、わざわざ集まったり会議を開いたりする必要はないと感じます」などホワイトカラーの生産性はもっと改善できるはずと言います。

こうした課題の多くは、コロナ禍でリモートワークになり、日本人でも多くの人が経験していることではないでしょうか。リモートワークも含めた新しい働き方が定着化していけば、こうした変化にも向き合わざるを得ないでしょう。

留学生や外国人社員は日本企業にどういう印象を持っているのか?

先述の経済産業省の調査では、外国人社員の経営幹部への登用を求める外国人社員が多いという結果が出ていますが、これはかなり大きな課題です。実際に、授業でプレゼンをしていただく企業の方からも、社内に外国人社員がまだまだ少なくダイバーシティが足りないので、留学生が何を考えているのか知りたい、我々の企業やビジネスに対してどう思っているか知りたいという声をよく聞きます。例えば、企業が中期計画を考える際に、グローバル化やダイバーシティというテーマは欠かせません。しかし、それを考える幹部社員が全て年配の日本人男性社員だとしたら、本当に新しい方向性を考えることができるのか疑問であると感じている社員も多いのです。

そして、これは単純にトップや幹部層の外国人のみを増やせばいいという話でもありません。ブラジル人のサントスさんが、ある日本企業のセミナーを聞きに行った際に、外国人の経営幹部が講演していました。サントスさんは、「外国人の経営幹部を増やしているというメッセージはいいと思いました。ただ、その講演を『うんうん』と深く頷いて聞いているのが年配の日本人男性社員ばかりで、結局幹部より下の現場は変わっていないのではと感じました」と残念そうに話した。

ミャンマー人のKさんは、「日本企業がグローバル化に対して必死に変化しようと努力しているのはわかりますが、変化が遅いと感じましたし、どう変化すればいいかを見失っている印象です。しっかりとした組織があるからこそ変わりにくい印象です。今回のコロナ禍の対応でリモートワークにする際も、決断が遅い印象を受けました」と話します。

一方、授業での講義や企業訪問などを通じて外国人社員も含めた意見交換をして、日本企業への印象が改善したと話す学生も多くいます。「外国人社員がその企業で有意義に過ごし、様々な仕事の機会があるとわかりました」「企業がグローバル化に努力しているという点がよくわかりました」という感想を聞くと、こうした地道な発信や対話の場を設けてきて良かったと感じます。

では、日本企業で働く外国人社員はどう考えているのでしょうか。入社前の印象と入社後のギャップを外国人社員に聞いてみると、日本の大手メーカーで働くインドネシア人のルディさんは、「思ったよりギャップはありませんでした。日本企業はグローバル化に向けて、働き方も変えなければならないと意識していると感じます」と話します。

入社前の印象を聞いてみると、「職場の上下関係などヒエラルキーが厳しくて、先輩や上司の言葉は絶対というイメージでした。上司も必ず〇〇課長、〇〇部長のような呼び方の印象がありました」と典型的な日本企業へのイメージを話してくれました。それが入社後どう変わったかと言うと、「今の職場では上司も『さん付け』で呼びます。残業が多くて有給も取りにくいと思っていましたが、今は17時になると上司が帰りますし、有給も取りやすいです」とあまり不満はない様子でした。

ルディさんは学部から日本に留学しており、こうした日本への理解度によっても変わるかもしれません。例えば日本企業でも海外法人で採用した後、一定期間日本本社で研修することがあります。コンサルティング会社で働く中国人の周さんは、国内でＯＪＴ研修を受けている外国人の同期は、大きな認識のギャップがあるのではと話します。

その理由を聞くと、コンサルタントらしく、「理由は2点あります」とわかりやすく答えてくれました。周さんは、「第1に、採用の時のメッセージと現在の業務が異なるからです。採用時に人事から『我々はコンサルティングファームです』と伝えられ、コンサルティング業務を担当するだろうと思っていましたが、今私の同期が担当している業務はプログラミングです。主要業務のコンサルティング業務やプロジェクトを担当するより、プログラミングや日本語を勉強することが多く、現在のプロジェクトでもプログラマーとして働いています。ＯＪＴ終了後変わるかもしれませんが、現状はそうです」と話します。

2つ目の理由として、「欧米・国内大学卒業の同期にとって、これほど短い時間で日本語を勉強し日本企業のプロジェクトに入るとなると、言語の壁も大きいですね。また、日本に留学している私たちよりも、日本企業の習慣や企業文化にはそれほど詳しくないので、大変だと思います」と日本語や企業文化の理解の大変さを挙げました。既に、入社後半年くらいで2人が退職しているといいます。

退職した同期の方はやはりこうしたギャップが原因だったのか聞いてみると、「彼らが退職した理由は聞いていませんが」とした上で、退職した2人は「欧米の大学院卒・財務の専攻・日本語学習歴はなし」という点が共通していて、「入社してからこの仕事は自分に向いていないと気づいたのかもしれません」ということでした。

欧米的な仕事の感覚でいうと、財務のバックグラウンドを活かして仕事をしたいということでしょうし、日本語が話せないのに日本語を使わざるを得ないプロジェクトにアサインされることが嫌だったのかもしれません。実際に、周さんは、「同期の欧米のビジネススクール出身の女性新入社員は、全く日本語が話せないのに、日本企業のプロジェクトにアサインされました。資料は全部日本語で読みづらいですし、句読点とか半角・全角の変換さえ、よく指摘されたようです」と教えてくれました。

一方、周さんはその後、「ただ、50人の同期の中で、1人もＩＴ専攻の人材はいないので、大学や大学院での専攻からＩＴ関連のコンサルタントにキャリアを転換したい新卒にとってはいいチャンスだと思います」と話していました。たしかに大学院の専攻からキャリアを変えたい新卒者にとって、これは大きなチャンスでもあります。

なぜなら、日本企業は人材育成において、ＯＪＴを活用する場合が多いからです。欧米系企業に行けば、コンサルティング業務をすぐに担当できるかもしれませんが、その分専門性や結果をすぐに求められます。そういうバックグラウンドがあって結果をすぐに出せる人にとってはその方がいいかもしれませんが、働きながら専門性を身につけていきたい場合は日本企業の方が合っています。

ただ、日本企業側も改善が必要でしょう。欧米留学者や各国の現地大学を卒業した人たちは、欧米系企業の働き方のイメージで入社している可能性が高いので、日本企業との違いを理解してもらうことが大事です。具体的には、採用時や採用後にその違いや育成方法、なぜプログラミングを担当してその先どういうキャリアになるか、などを明確に説明する必要があります。日本語や日本企業の文化理解が大変という点についても、日本語が必要なことを採用前に説明して合意しておく必要があるでしょうし、採用後にも働き方の違いについて説明を詳しくすることでこうしたミスマッチが防げるはずです。

周さんに、上記の点について社内で説明する担当の方はいるか聞いたところ、「いません。基本的に、我々は『指示を受けて動く』という感じですね」という答えが返ってきました。

ジョブ型かメンバーシップ型か?

一般的に留学生は「ジョブ型」の働き方を望む人が多いとされますが、実際にはどうなのでしょうか？　日本企業に多い定期的な人事異動については意見が分かれます。インドネシア人のルディさんは、「人事異動もあまり抵抗はありません。私の職場はプロジェクトチーム単位で動くことが多く、1年ごとにチームが変わりますが、様々な経験ができるので新しい知識や経験ができると思います」と話します。

ブラジル人のサントスさんは、小さい頃から自然や環境分野に関心を持っていて、自身もベジタリアンで環境に配慮した生活をしているとのことです。今は日本の大手メーカーで働いていますが、新卒の就職としては専門性を問わないメンバーシップ型が良いとした上で、「人事異動については、入社後はある程度本人の希望を尊重すべきです。部署間の異動だけの話ではなく、強制的に地方配属になることも良くないです。私自身もCSRなどに関心があり、将来的に環境に関わる仕事をしたいと思います。単純に経済的な利益を追求するだけでなく、何か世界に対して貢献したいです」と話します。また、「一方で、同じ会社にいればその会社の仕組みがよくわかるので、その中で昇進していく仕組みはいいと思います。海外では、昇進するには会社を変わらないといけないことが多いですから」と述べます。

オーストラリア人のエラさんは、「私自身はジョブ型の働き方がいいと思います。もともと西洋では、職業選択の自由が大事だと考えているので、自分で職種や仕事を選べることが大事です」と話します。具体的には、「同じ会社で垂直型に昇進していくという仕組みよりも、同じ職種で違う会社を経験して水平的に経験や理解を広げたいです。必ずしも昇進や給与が大きく上がるということを求めるわけではなく、違う職場で異なるハードスキルやソフトスキルを習得できることに魅力を感じます。例えば、SEだったとして、同じ職種でヤフー、グーグル、ソフトバンクなどで働いたとしたら、それぞれの良さや課題なども見えると思うのです」と持論を語りました。

ミャンマー人のKさんは、「日本企業は、入社後まず研修を受けてその後配属部署が決まることが多いです。私はもし行きたくない部署に配属された場合、自分がやりたくない仕事で3年を使うのは嫌なので、転職すると思います。こうした仕組みは最初からやりたいことが明確な人にとっては、がっかりする仕組みです」ときっぱり話しました。

それでは、外国人社員を受け入れる時にどうすべきなのでしょうか。Kさんは、「専門をベースに配属しないにしても、その人の考えを把握する必要はありますし、なぜその部署に配属したかという説明が必要です。部署でも部下をきちんとケアできない上司がいれば、誰かが話を聞いてあげるなどサポートが必要です」と、説明やコミュニケーションをしっかりと行うことが大事とします。日本企業の場合、日本人同士でも言語化されたコミュニケーション量が少なくキャリアサポートも十分ではないことが多いので、部下や同僚が将来のキャリアについてどう考えているかを把握していないケースも多いのです。Kさんは、「日本ではフィードバックや理由がきちんと説明されないことが多いですね。例えば、就職活動で落ちた時に、その理由のフィードバックがほとんどありません。でも、職場ではキャリアについてのコミュニケーションやフィードバックが必須です。それを明確に伝えると逆に私たちは安心します」と言います。今後リモートワークも増えることを考えると、ますます言語化したコミュニケーションが求められることになるでしょう。

ここまで外国人の意見を聞いてみてわかることは、必ずしも「ジョブ型」にこだわるわけではないということです。むしろ、1対1のコミュニケーションやフィードバックなどダイバーシティ・マネジメントやキャリア開発的なアプローチが必要と感じます。あうんの呼吸や暗黙の了解ではなく、言葉にして頻繁にコミュニケーションを取る必要もあります。そして、役割をある程度明確にすることが必要です。また、自分が関心を持った専門分野があれば、それをベースに仕事をしていきたいという人は多く、「メンバーシップ型」だとしても、本人のキャリアの意向を確認して支援する必要があります。

留学生・外国人社員に聞く：仕事に日本語は必須だが、大きな壁にも

これまで外国人が日本で働く上で日本語が大事であり、かつそれが壁にもなっているという

話をしてきました。それでは、企業は社内言語についてどういう選択肢があるのでしょうか。

ここでは、社内言語を、（1）日本語、（2）英語、（3）日本語と英語ミックス（日本語をメイン言語・英語をサブ言語とするバイリンガル化を含む）、（4）やさしい日本語とやさしい英語を使った「やさしいコミュニケーション」（富田すみれ子「メルカリ社員が実践する『やさしい』コミュニケーションって？」『BuzzFeed News』の2019年12月25日公開記事によると、やさしい日本語とやさしい英語とは、コミュニケーションを取る上で、相手に最もわかりやすく伝わる方法を考え、実践すること）を日本人社員・外国人社員双方が学ぶ、に分けてどの方向性が良いか考えてみることにします。

まず、（1）日本語ですが、意外にも日本で仕事をするのだから日本語でいいのではないかという意見がかなりありました。また、日本に留学している東アジアやベトナムの留学生からは、日本語ほどは英語が話せない人も多いという意見もあり、完全に英語化するのも難しいようです。

大手電機メーカーで働くブラジル人のサントスさんは、「日本の会社で日本語を話さないというのはおかしな気がします。ただし、敬語などビジネスレベルの日本語は難しいです。また、レポートやメールを書くのも難しいので英語だと楽ですが、日本語で書かないと日本語を覚えないのも事実です」と、外国人社員も日本語を上達させることは大事と話します。

大手メーカーで働くインドネシア人のルディさんは、「日本企業を選んだ時点で、仕事は日本語でするという覚悟を決めないといけません」と熱く語りました。一緒に話を聞いていた別の留学生が「ルディは厳しいから」と笑っていました。漢字圏出身でないと漢字を含めて日本語を習得するのが難しいのではと聞いてみると、ルディさんは、「非漢字圏でもインドネシア人、マレーシア人、シンガポール人は日本語にあまり苦労していない印象があります。それ以外の地域の人は1年くらい必死に努力すれば大丈夫ですよ。僕も日本語学校に行きましたし、日本語学校の同級生は8時～16時まで日本語を勉強し、家に帰ってご飯を食べてその後図書館で23時まで勉強していました」と持論を語りました。ただ、大学院で留学する場合は、日本語学習の時間の制約などがあり、難しい状況です。

オーストラリア人のエラさんは、「日本企業の場合は、従業員が日本語を話すことは必須だと思います。社内の人脈形成や業務などに支障が出るし、昇進も難しいでしょう。キャリアセミナーなどで、日本語がかなり話せないと大企業に入社するのは難しいという話を聞いて、それが現実なんだと思いました。東京大学の大学院を出ていても、日本語という壁があると日本のトップ企業には入れないのかと思いました」と日本語は大きな壁にもなっていると話します。

次に、(2) 社内英語化については、比較的少数派でした。楽天をはじめ、社内英語化をしている企業はありますが、実際他の企業でそれほど進んでいるように見えません。スタートアップ企業や技術者が多い部署の場合、英語を中心に働いていることはありますが、それでも完全に英語化となると多くはありません。完全に社内を英語化して日本人同士も英語で話すとなると、業務の非効率化につながるためです。マブチモーターや日立製作所などM＆Aや海外展開が急激に進んで、既に海外売上比率や海外生産比率が相当高くなっている企業でも、検討しているのは社内バイリンガル化です。

もちろん、海外事業に関わる担当者はある程度英語が話せた方が良いです。日本で様々なインターンを経験したシンガポール人のレイさんは、「日本人全員が英語を話す必要はないですが、グローバル企業の社員については英語をある程度話せる必要があるのではないでしょうか」と言います。レイさんはシンガポール企業の東京支社で働いていた時のことを、「日本人の誰もが知っているような大企業と海外展開についてミーティングをしても、英語を話せる人がほとんどいないことに驚きました。これからグローバルに事業を展開するなら、その担当部門の人は英語を話せた方がいいと思います」と語ります。

ただ、縮小しているとはいえ日本国内向けの業務が主流の企業も多く、その場合本当に社内全体を英語化する必要があるのでしょうか？　例えば、英語が母国語ではない漢字圏の国を考えた時に、中国企業は内部で英語を公用語にしているのでしょうか？

先述の中国人の林さんは、「一部のＩＴ企業などはあるかもしれませんが、国有企業は中国語が基本だと思います。ただ、もし英語化した場合、中国で大卒の社員であれば、英語でメールや電話のやり取りはできると思います。それは英語教育もあるのかもしれませんが、それだけ就職の競争が激しいので能力を身につけておかなければという意識が強いからです」と話します。

今後、中国で働く外国人が増えるとどうなると思うか中国人の周さんに聞いてみると、「まずは中国国内の新卒の就職率を上げる必要があります。例えば、私の出身の湖北省は毎年多くの新卒が出ていますが、3割以上が就職できない状況です。現在中国企業では、マネジメント層以外で外国人が働いているケースはあまりないと思います。英語のみでオペレーションするのは難しいでしょうが、メインは中国語、サブは英語という企業は比較的あると思います」という答えでした。中国の場合、日本と違うのは国内市場が巨大で人材も多いため海外の人材を活用する必然性が薄いという点ですが、その点を差し引いたとしても急激に社内英語化が進むようには見られません。

社内公用語は日・英ミックスで緩やかに

3つ目の日本語と英語のミックスについて見てみましょう。ここでいう「ミックス」とは、完全に社内を日英バイリンガル化するという方向性から、日本語をメイン、英語をサブ言語として大枠を決めて運用していく方向性まで幅広く含んだものです。なぜなら、会社ごとに事情は異なりますし、同じ会社でも職場ごとに状況は変わるので、ある程度運用の幅が必要と考えるからです。

スタートアップ企業で働く中国人の李さんは、「社内のエンジニアや翻訳担当者には日本語が話せない外国籍社員もいます。管理職だとそういう社員ともコミュニケーションが取れないと困るので、日本語メインで英語がサブのミックスがいいと思います。また、社内の事務連絡など最低限は日英のバイリンガルであったほうがいいですね」と話します。

同じく日本のスタートアップで働いていたアメリカ人のケンさんは、「日本で働いていた会社は、日本語を話していましたが、英語とミックスしていました。人事担当者は帰国子女で、CEOは英語が話せたので、彼らと話す時は必要に応じて私は英語で話して、相手から日本語で返ってくるという感じでした」と語ります。これは日本人側がかなり英語を話せるという特殊ケースとも言えますが、日本人は英語がある程度聞ければ日本語で返事してよいというのはストレスが軽減されるでしょう。それでもケンさんは、「国内向けの仕事はもちろん、海外業務でさえも担当の人が英語を話せるとは限らないので、日本で働くなら日本語はある程度話せないと厳しいと思います。ただ、入社の時にそこまで話せなくても大丈夫ではないでしょうか。

財閥系の日本企業で働いているインド人の方は、働き始めた時は日本語がそれほど話せませんでしたが、入社後N1に合格しました」と日本語をある程度話せることは大事だと話します。

ブラジル人のサントスさんも、「日本語をメイン言語にして英語をサブ言語にするミックスは、最初のスタート時にはベストだと思います。専門用語など含めてわからない言葉は英語で教えてもらうなどすれば徐々に覚えていけます」とし、仕事にある程度慣れるまでは英語を少し混ぜて話せると理解が速いと話します。中国人の周さんは、「全社内にメールが来る場合は、日英の2言語で書かれています。全社の会議は日本語ですが、プロジェクト内ではチームにより英語を使う場合もあります。こんな風に臨機応変に対応するのがいいのではないでしょうか」と話します。日本企業の場合は、こういう臨機応変な対応が苦手なのかもしれませんが、意外に様々な企業や部署で日英ミックスの働き方は取り入れられ始めています。

また、中国人の李さんは、「今の職場で日本人社員への英語教育があるのは良いと思いました。外国人社員とやり取りするのに必要なビジネス英語を教えるネイティブの講師が会社に来てくれて、日本人でも外国人でも参加できます。外国人が日本語を学ぶことも大事ですが、英語を話せる日本人が増えるとコミュニケーションがもっととりやすいですね」と日本人も英語を学ぶ機会があると良いと話してくれました。

メルカリの外国人・日本人に「やさしいコミュニケーション」とは？

最後に、「やさしい日本語」「やさしい英語」などを使った「やさしいコミュニケーション」についてお話しします。これも大きくは日・英ミックスのカテゴリーに入るものとなります。聞きなれない言葉ですが、やさしい日本語を研究する一橋大学の庵功雄（いおり・いさお）教授は、「やさしい日本語」科研のウェブサイトで、やさしい日本語とは、日本で生活している外国人の方が公文書などを「易しく」理解できるように、「優しい」気持ちで書き換えた日本語と定義しています。２０２０年1月25日付Withnewsの庵教授へのインタビューによると、『やさしい日本語』は、50時間～１００時間ぐらいで勉強できる、初級の日本語です。漢字もあまり使いません」ということです。

これをビジネスの現場に取り入れているのがフリマアプリのサービスを運営するメルカリです。以下、２０２０年1月18日付のWithnewsの記事を元に説明します。メルカリは40か国を超える国籍の社員が日本に集まっているグローバルな職場となっています。しかし、公用語を「英語」や「日本語」と決めておらず、臨機応変に日本語と英語を使っています。その背景には、日本人の英語レベル、外国人の日本語レベルが個人によってかなり違うため、１つに統一するのが難しいということがあります。

そしてお互いのコミュニケーションを円滑にするため、社員向けの研修会では、誰にとっても「やさしいコミュニケーション」に力を入れています。社員向けのランチ&ラーンセッションではお昼を食べながら、「やさしい日本語」と「やさしい英語」について、日本人・外国人がともに学べる仕組みになっています。

「やさしい日本語」のポイントは、以下の引用の通りです。

「・1つの文を短く、はっきり最後まで言う。
・あいまいな表現や敬語は使わない。
・『どんどん』や『さらっと』などの擬態語や擬音語も使わない。日本語が母語でない人にはわかりにくい」

例えば、「お茶のつくり方を日本語で説明する」、「ちゃぶ台がえし」をわかりやすく説明するなどのお題に対して、日本人と外国人がチームで議論していくのです。

同記事内の研修会の講師によると、「お互いの言語上達を待っていられないので、互いに歩み寄って落ち合う場所が『やさしいコミュニケーション』なんです」ということです。

私が21世紀にグローバルなリーダーシップを考える中で大事だと思っていることは、「エンパシー（共感）」です。今後、多様な人たちが一緒に仕事をする上では、このようにお互いにコミュニケーションの歩み寄りが必要ということです。実際に、今回様々な外国人の方々と話をしましたが、相手によっては私自身も日本語と英語を混ぜて会話をしていました。時には自分の日本語をわかりやすく伝える難しさを感じ、また時にはオンラインで相手が英語を話すスピードが速すぎたり、音声が途切れ途切れになったりすると理解するのが難しいと思うこともありました。外国人社員や留学生が「日英ミックスがいい」と話す理由が実感としてわかってきたとも言えます。

こうした「やさしいコミュニケーション」がお互いの歩み寄りを考える上で有効だと考えられますが、ブラジル人のサントスさんは、「やさしい日本語は社内ではいいですが、クライアント相手には難しいことも多いので、ネイティブの日本語にも触れる必要があるでしょう」と話します。その上で、「大事なのは、完璧な日本語を望まないことです。細かい誤りや全角・半角などまでチェックされるとそれをクリアするのは難しいです。日本語が漢字圏以外の人たちにとっては難しい言語だと理解することが重要です」と、完璧な日本語を求めない寛容さの重要性を挙げました。

中国人の周さんは、「相手の日本語力を見つつ話しながら調整するのに『やさしい日本語』などはいいと思います。『私の話がわからないのは、あなたの（日本語力の）問題ですよ』、というスタンスを取る社員もいますが、それはおかしいと思います」とはっきり言っていました。

「空気を読む」のを覚えて困っています

日本語そのものだけではなく、その背景にあるコンテキスト（文脈）を読み取れないという悩みも多く聞かれます。それは、文化人類学者のエドワード・T・ホールが言うように、日本社会が暗黙知をベースとするハイコンテキストな社会で、「あうんの呼吸」や「空気を読む」ことが重要視されることも大きな要因です。海外では、言語化した表現をベースとするローコンテキスト社会であることが多いため言われた言葉通り解釈しますが、日本語の場合は行間を読むことが求められます。

実際、外国人社員に話を聞いていると、「日本語でははっきりイエス・ノーを言わないので、指示やコメントに何か裏の意味があるのではと考えてしまう」「クライアントにメールを出す時に（正しい日本語であっても）表現に失礼がないかがわからず困っている」「クライアントの日本人相手にどこまで本音で話せばいいか判断が難しい」などの声が多く聞こえてきます。

こうした相手の空気を読むということがコミュニケーションを難しくしているケースもあります。インドネシア人のTさんは、ある国公立大学の修士2年です。人見知りだということで、名前は出さないでくださいと言われました。スカイプの写真を見るとグレーのヒジャブを身にまとっておしゃれな感じの女性です。とても日本語が流暢で声だけを聞きながら話していると、日本人かと思ってしまうくらいでした。

ただ、日本語は大好きですが、今日本で働くかインドネシアで働くか悩んでいると話していました。Tさんは、「日本にいて空気を読むことを覚えてしまって困っているのです。日本人とだけではなく、インドネシア人に会った時も気を使うようになってしまって。だから今は大阪で働くことにすごく興味があります。人間関係がざっくばらんで遠慮しなくて良さそうなので」と話しました。大阪で働くと空気を読まなくて良いかはわかりませんが、フランクに話せるような環境が大事なのでしょう。

私も関西出身ということを話すと、Tさんから、「大阪のおばちゃんは知らない人にもあめちゃん(キャンディー)をくれると聞きましたが、本当ですか? もらうのが楽しみです」と聞かれました。以前、中国人からも聞かれたことがあり、大阪のおばちゃんは留学生の間で都市伝説となっているのかもしれません。

外国人とのコミュニケーションで大事な思いやり

また、コミュニケーションにおいては言葉以上にマインドも大事です。アメリカ人のケンさんは、「言葉以上に、日本人もセンシティビティ（思いやり）や異文化マネジメントを学ぶ必要があります。アメリカ人は強く主張すると言われることが多いですが、全てのアメリカ人がそうではありません」と話します。ケンさんは台湾系アメリカ人ですが、日本で同僚とランチに行った時に、「箸の使い方が上手ですね」と言われた話を笑いながら話してくれました。

ケンさんは、「でも、私の容姿を見ればアジア系であることは明らかです。アメリカ人は箸を使えないという先入観や、外国人を単一のイメージで見るのではなく、目の前にいる人と向き合うことが大事です」と違いではなく共通している点を見て、目の前の人が「同じ人間だよね」という認識をすることが大事と話しました。こうしたあり方がメッセージとして伝わると外国人であっても受け入れられている感覚が生まれ、働きやすいということではないかと思いました。

第4章

ミレニアル・Z世代の外国人のキャリア観

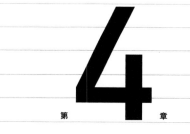

みなさん、こんにちは。今日は第5回目の「日本産業論」の授業を行います。今日は「高度外国人材と日本企業の間のキャリア観のミスマッチ」についてお話します。今回の目的は、具体的に希望する勤務期間を通じて留学生と日本企業にどういうキャリア観のギャップがあるかを考えてもらうことです。

講義：留学生が希望する勤務年数は3年～5年が主流

「それでは、まずみなさんに質問です。仕事を始めたとして、同じ職場で何年くらい働きたいですか？　次の4つの中から選んで手を挙げてください。まず、3年未満の人。8人、わりといますね。では、3年～5年、これは圧倒的に多いですね。15人。5年以上10年未満、これも5人くらいですね。では最後に10年以上という人は、何人かいましたね」

「では、その中で定年までずっと同じ職場で働きたい人は？」インド人、インドネシア人、ネパール人の3人が手を挙げていました。「そういう人もいるのですね。あ、でもあなたは政府派遣ですね。あなたもそうだ、あなたも。なんだみんな公務員じゃないですか（笑）」

「あれ、でも、政府で働いている人は他にもいましたね。ということは、政府で働いている人も転職を考えているということですか？？（笑）」

今みなさんの希望する勤続年数を聞きました。これは以前お話しした2014年度経済産業省の調査でも似たような結果になっています。留学生出身の外国人社員に平均勤続年数を聞いた結果、「5年程度」の人が約4割と最も多く、次が「3年以内」で3割強となっています。ですから、全体の約7割の外国人社員は5年以内を目途に転職しているということです(172ページの図1)。

一方、企業が望む勤務年数についてみると、「できるだけ長く」が9割を超えており、「5年程度」は0・5%、「3年以内」と回答した企業はいませんでした(172ページの図2)。これは大きな認識ギャップです。以前、ある国立大学の留学生・企業向けに講演をした際に、インド人の理工系留学生から「1つの企業で10年以上働くと、新しい技術を学ぶのが難しいので、企業やポジションを変えて自身で学び成長する機会が必要」という意見が出ました。

また、ある日本企業の方に留学生向けに外国人採用やグローバル化対応についてプレゼンしてもらったことがあり、「当社は外国人社員の離職率がゼロです」ということを話されました。しかし、プレゼンが終わった後、東欧出身の女性が駆け寄ってきて、「グローバル化を進めているという話ですが、そもそも離職率がゼロとか低いということにこだわるのはおかしいのではないでしょうか」と言われました。理由を聞いてみると、「誰も辞めていないということは、やはり終身雇用を前提としている印象ですし、逆に短期間のプロジェクトで働きたいという外

【図1】留学生出身の外国人社員の平均勤続年数（企業アンケート、n=179）

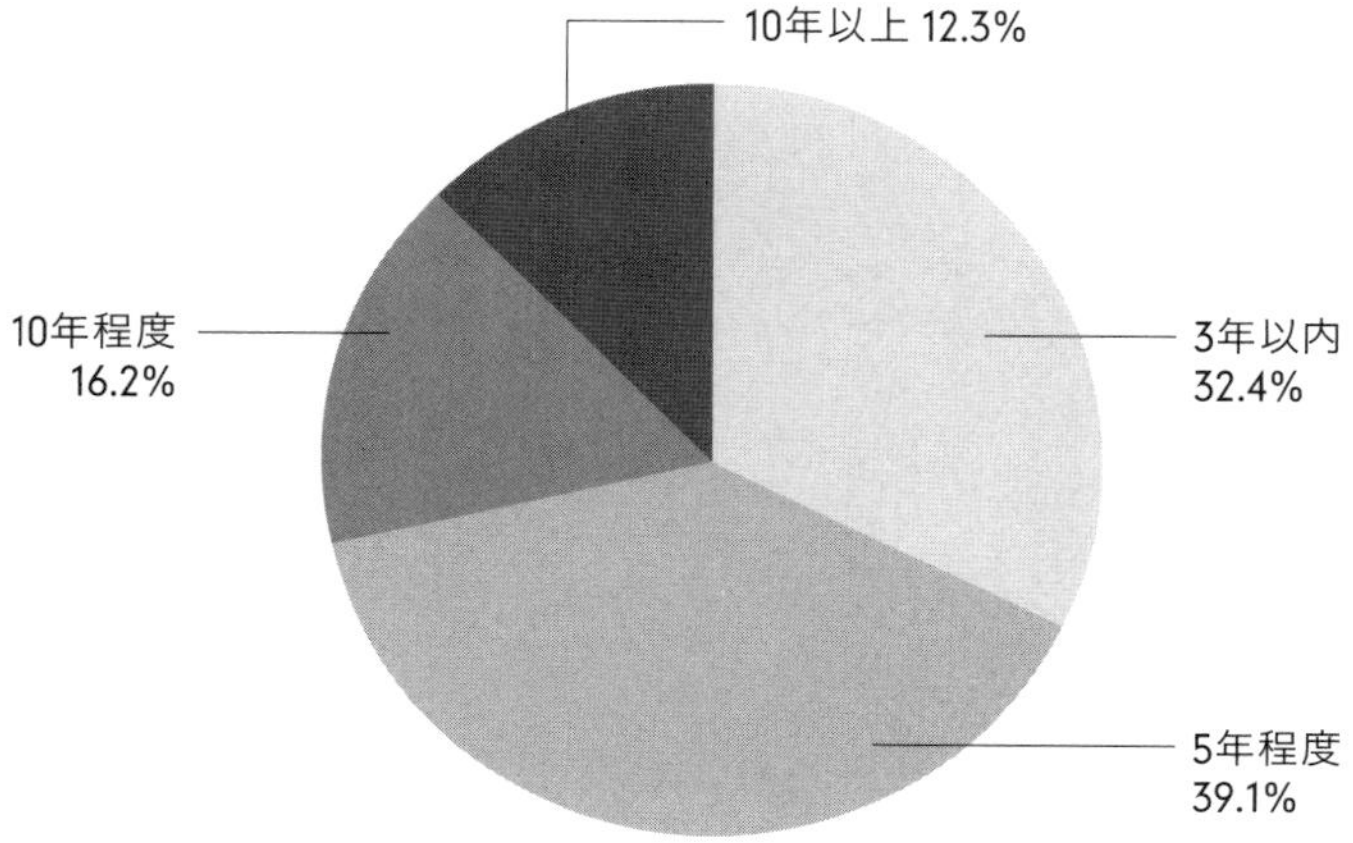

【図2】留学生出身の外国人社員に望む勤続年数（企業アンケート、n=199）

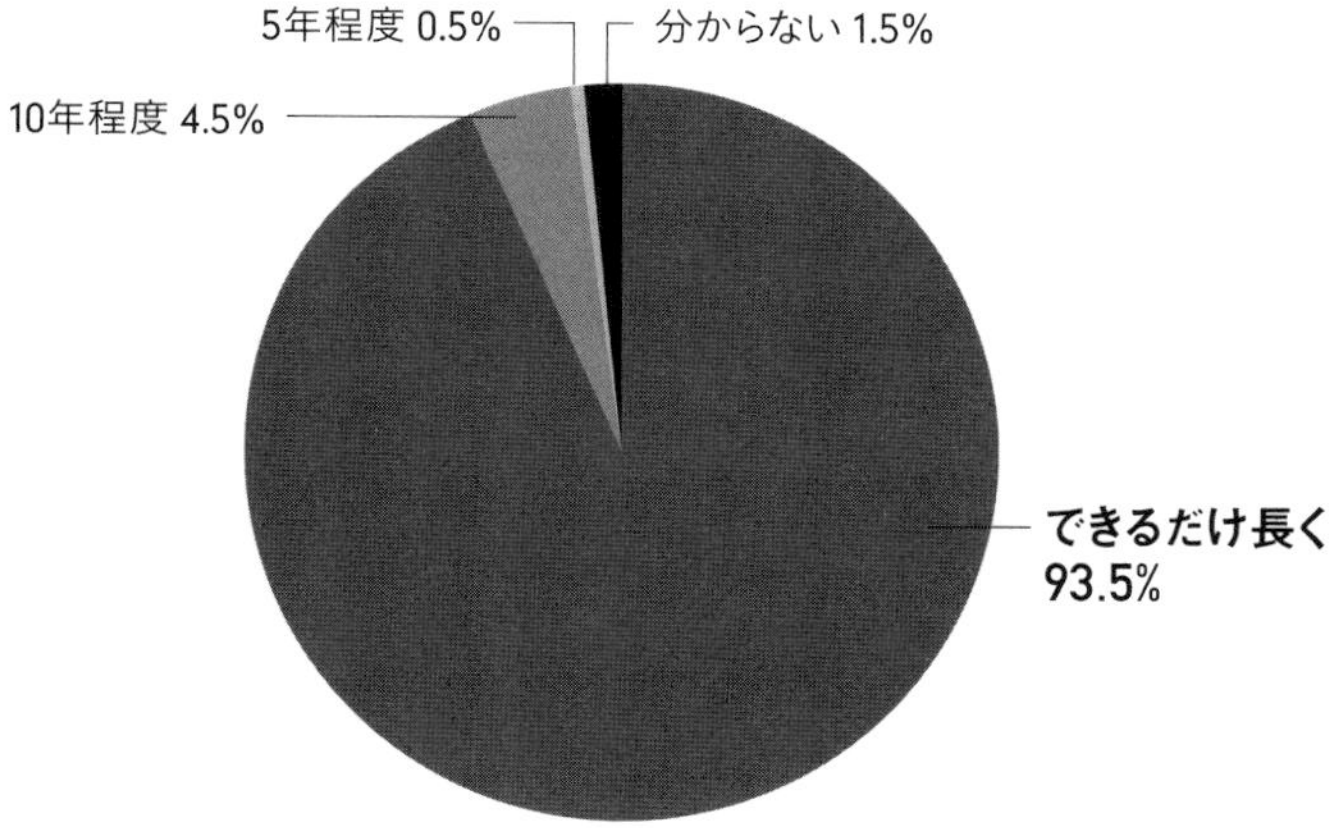

出所：経済産業省（2015）

国人は採用されないということになります」という話でした。

日本企業のシステムからいうと、最初から短期間の雇用という前提は難しいという話はしました。しかし、企業では辞めない留学生を採用したいという意見が多いですが、そこにこだわりすぎることが本当に良いかは考える必要があります。むしろ、優秀な人材であれば、辞めない環境整備や辞めた後もつながれるような関係作りが必要なのではないでしょうか。外国人社員の場合は、帰国することも多いので、そうした場合には現地法人で働いてもらったり、その人が自国で新たに働いたり、立ち上げたりする会社と取引をするなど様々な可能性があります。

働く期間が3年だと短い印象はあるので、5～10年くらいである程度の期間働いてもらうとしたら、お互いにどうすればいいのかを考えなければなりません。日本企業と外国人社員の成長スピードのイメージにはギャップがあります。ある世界的な電機メーカーで優秀なエンジニアを海外から採用しても、3～5年で退職してしまうという悩みを聞きました。

よく話を聞いてみると、そのくらいの年次での仕事の課題設定が緩くて、この仕事を続けても成長できないと思って辞めてしまうということでした。人によっては、もっと濃密に成長できるような業務やタスクを与えないといけないのです。これは外国人社員に限った話ではなく、優秀な日本人についても同様に見直す必要があります。

つまり、「優秀な社員」に長く残って働いてもらいながら、会社を離れたとしてもつながれる関係性を築くことが大事なのです。また、最近は副業を解禁する企業が出てきたり、フリーランスで個人事業主として働く人も増えていたりして、様々な働き方の人材をどう活用していくかが重要になります。

米SNS大手のリンクトインを立ち上げたリード・ホフマンらの著書『ALLIANCE アライアンス――人と企業が信頼で結ばれる新しい雇用』(ダイヤモンド社)では、企業と個人がお互いの信頼関係を基に仕事をする「アライアンス」という新しい雇用関係を提唱しています。これは退職後も卒業生ネットワークを通じて情報交換や仕事の受発注があるということです。これはシリコンバレーだけではなく、日本でもスタートアップや一部の大企業では実践され始めており、出戻り社員ということで退職者を再雇用するような動きも出てきています。

ミレニアル世代やZ世代のキャリア観は、ソーシャルで目的意識が高いと言われます。一方、企業の人事部や大学の留学生キャリアカウンセラーとお話ししていると、将来のキャリア意識が希薄で自分が何をしたいかわからない留学生が増えているという話も聞きます。そこで、次の特別講義では、実際にイギリスの大学院で話をした内容をベースに、中国人の若者のキャリア観についてお話しします。

特別講義（イギリス編）：イギリスの大学院が中国人ばかりになっている

みなさん、こんにちは。今回はイギリスのウォーリック大学のキャンパスにお招きいただき、ありがとうございます。今日は「中国における日中キャリア教育と人材育成」についてお話しします。講演時間ははじめ30分と聞いていましたが、昨日の夜に、「たっぷり1時間準備してありますよ」と言われて心臓が止まるかと思いました（笑）。でも大丈夫です、お話ししたいことはたくさんありますのでご心配なく。

本日は先生と学生が来られているということですが、先生は何人くらいいらっしゃいますか？　結構多いですね、10名くらいでしょうか。では、大学院生のうち中国出身の方はどれくらいいますか？　半分くらいが中国の方ですね。私は中国でも教えていますが、ここイギリスでもこんなに多くの中国人学生がいるのはとても不思議な感覚です。出身はどこですか？　上海、山東省、中国各地からですね。中国以外の方は、どちらからですか？　スペイン、アフリカなどこちらも色々ですね。

こちらの大学があるコヴェントリー市はロンドンから列車で1時間ということで、あっという間に着きました。ウォーリック大学のキャンパスに到着すると、まず目についたのは高級車の横で楽しそうに話をするアジア系の男女でした。近くを通り過ぎると、「ご飯をどこで食べようか?」という中国語が聞こえてきました。その後もキャンパスを歩いていると中国語が飛び交っていました。インド系と思われる英語を話す学生もいましたが、やはり中国人学生の存在感が際立っていました。先ほどこちらの応用言語学大学院の先生にお聞きすると、この大学院の学生の6割は中国人留学生で、他学部でも中国人留学生の割合は多いそうですね。

みなさんの多くは異文化間コミュニケーションを学んでいると思います。グローバル化する世界では、相手の文化や価値観に配慮しながらコミュニケーションを取ることはますます重要になっています。この教室の中だけでも多様性がかなりあります。しかし、それと同時に1つ忘れがちなことがあります。それは、相手を知るだけでなく、自分を知ることです。

この「自分を知る」ことは、異文化間コミュニケーションだけではなく、みなさんの将来のキャリアを考えたり、リーダーシップを発揮したり、様々なことにつながるいわば「人生のコンパス(羅針盤)」のようなものです。今、スマートフォンを持っていない人はいないと思います。これにはGPSが入っていて、行き先を入れるとグーグルマップが自動的にルートを検索してくれます。しかし、みなさんは自分自身の人生のGPSはありますか? Siriに聞いてもわかりませんよね。ほとんどの人が自分の人生の目的についてわからないのです。でも、自分を知ることで、自分の中に「人生のGPS」が生まれるとしたらどうでしょうか。

多様性とBeing教育とは何か？

それでは、本題に入ります。2013年の夏、私は中国大連市にいました。夏は爽やかで涼しく、中国では避暑地として多くの人が訪れる場所です。そこから車で1時間くらいの旅順市に大連外国語大学があります。ここで初めて日中合同のキャリア研修を行う予定でした。実は、私の頭の中には中国人は積極的な学生が多く、既に自分の将来のキャリアについてはしっかり考えているので、需要がないのではと不安でいっぱいでした。

しかし、授業が始まると、ある中国人学生はものすごく生き生きと自分の人生について話して、10分以上話し続けました。彼だけではなく、それ以外の中国人学生もどんどん話して、それに刺激を受けた日本人学生も意見を言うようになりました。「自分自身について考えたり、話したりするのは初めての体験でした」と張さんは興奮気味に話しました。この経験から、私は中国人学生以外に、日本、シンガポール、タイなどで、タイ人、ベトナム人、シンガポール人、マレーシア人、インド人などアジアの様々な国籍の大学生や大学院生に話を聞きましたが、同じような反応を示すケースが多く、アジア全体または世界の若者に共通した問題ではと思うようになりました。

それでは、今日のメインのテーマである〝Being〟教育についてお話しします。張

（2016）は中国のキャリア教育の中で、人生観の育成などの要素が不足していると指摘しています。

こうした「人生観育成」のために必要なのが〝Being〟教育だと考えています。ハーバードビジネススクール（HBS）のダタール（Datar）、ガーヴィン（Garvin）、クレン（Cullen）らは著書『Rethinking the MBA:Business Education at a Crossroads』（Harvard Buisiness Press）の中で、リーダーシップやアントレプレナーシップを育成するために必要な教育の要素として、〝Knowing（知識）〟、〝Doing（実践）〟、〝Being（自分が何者かを知ること）〟の3つを挙げました。その上で、プログラムで教える際には、従来以上に〝Doing〟と〝Being〟にフォーカスすべきと提言しています。つまり、〝Doing〟がなければ、〝Knowing〟にはほとんど価値がなく、〝Doing〟も〝Being〟に基づいた自己への気づきや価値観・信念の反映がなければ方向性を見失ってしまうということです。

なぜ、この〝Being〟がそれほど重要なのでしょうか？ 私自身の話をしたいと思います。私は日本の大学在学中にアメリカ留学、そして卒業後アメリカの大学院に留学しました。その後中国の大学院でも学びました。アメリカにいる時は、開放感を感じる一方、「もっと発言しなさい。静かじゃだめだ」「人と違う自分になるんだ」と言われました。

日本に戻ってきて自分の意見を言うと、「協調性を持ちなさい」と言われ、同調圧力を強く感じました。その中で、自分のアイデンティティを考え続けていて、自分の居場所はどこなんだろうと思っていましたが、ある時自分の人生で大切にしていることの1つが「多様性」だとわかりました。どちらの価値観がいい悪いではなく、両方それぞれ良さがあるのだと。ですから、こうして多様な背景を持つみなさんとお話しするのは楽しいですし、より多くの人がこの多様性を受け入れてダイバーシティ&インクルージョンをベースとした世界になっていくといいと考えています。

お母さんの言う通り大学の先生になるべきでしょうか？

では、実際にこれから、〝Being〟教育をどう実践してきたかをお話しします。亜細亜大学と大連外国語大学の学生に対して、インタビュー調査を行うことで、2013年から5年間実施してきたキャリア研修が日中の大学生のキャリア意識にどのような影響を与えてきたかをお話しします。

このキャリア研修は、亜細亜大学の「アジア夢カレッジ―キャリア開発中国プログラム―」で中国に留学した大学生と、そのルームメイトの大連外国語大学の中国人学生に対して実施しているものです。「アジア夢カレッジ」は中国での6か月の留学・インターンシッププログラムで、大連外国語大学（旅順市）を提携校として、2004年から産学共同で実施しています。同プログラムの大学生に対して、2013年から日中キャリア研修（〝Being Workshop〞）を開始しました。これは、日本人大学生が中国留学を開始する前（8月）、インターン前（11月）、インターン後（1月）の計3回実施しています（現在は、プログラム時期変更に伴い3月、5月、8月に実施。ただし、2019年度派遣はコロナ禍により次年度に延期予定）。

この研修の目的は、（1）キャリア教育：学生の海外におけるキャリア意識の開発、（2）グローバル教育：多様な背景を持つ他者との相互理解を深める、の2点にあります。進め方としては、人生や働く上で大切にしたいこと、職業選択において重視する条件などいくつかのトピックについて、日中の学生同士で日中間の価値観の違いの有無などについて双方向で対話する形式を取っています。

例えば、1回目には自分の人生について「ライフライン（人生の曲線）」を書いて振り返ります。そして、それについて他の人からのコメントをもらいます。重視しているのは、前述のコンセプトを応用した、〝Doing〞教育と〝Being〞教育の連携です。つまり、〝Doing〞教育であるインターンシップの前後に〝Being〞教育としてキャリア研修を入れて対話することで、自分自身や日本人だけでなく、中国人からもフィードバックが得られ、より多面的に自分自身への理解が深まるということです。

2014年~2016年の大連でのキャリア研修に参加した日中大学生のうち、日本人2名(亜細亜大学)・中国人3名(大連外国語大学)を対象としてインタビュー調査を実施しました。その中のコメントを紹介します。

Cさんは、「私はキャリア選択でもお母さんの言うことを聞く傾向がありました。お母さんは、私が博士号を取って大学の先生になることを望んでいます。しかし、講義を受けて、私は貿易会社で通訳の仕事をしたかったことに気づきました」と話していました。Yさんは、「今回初めて自分の価値観と将来の夢を関連させて考えました。中国では幼稚園から大学までずっと勉強漬けです。小学生からいい中学に入るために勉強、中学ではいい高校に、高校では『高考(大学入試)』の勉強であまりにも忙しかったので自分のキャリアや人生について考える余裕もありませんでした」と話してくれました。今日本で社会人として働いている中国人に聞いても、「私も親から、ずっと今は勉強して遊ぶのは大学に入ってからにしなさいと言われました。ずっと目標達成のために勉強していて、クラブ活動などもないので、その後どうするかを考えるきっかけはなかったです」と言っていました。

先生の講義より日本人学生の発表が一番良かったです

ある講義後、中国人学生が駆け寄って話しに来てくれました。

「九門先生、今日の講義はすごく良かったです」

「そうか、何が良かったのかな？」

「えー、一番良かったのは、ある日本人学生の発表です」

「そ、そうか…（私の話ではないのか）」

こうした感想を話してくれ、反省しきりなのですが、一方で毎回のように出る感想でもあります。つまり、先生よりも「同じ世代の中国人・日本人」の意見を聞きたいということです。「同世代の学生が大切にしていること」を聞いて、すごく自身の刺激になるということでした。「学生主導の学び」が重要だとよく言われますが、学生主導となるような枠組みをしっかり作ることが大事なのだと感じました。

一方で、ある日本人学生Tさんは、「大学に入る前は自分には何のとりえもないと思っていました。でも、この講義や研修を通じて、『部活や受験などでとても大変な思いをしたが、そういう時に自分は成長している』と気づきました。中国人学生が『あなたの人生の話を聞いて前に進む勇気が出た』と言ってくれたことで、こんな自分でも人にいい影響を与えられることに気づきました」と話してくれました。

Tさんのコメントのように、日本人学生は自分に「自信がない」ケースが多いです。しかし、異文化の中で対話することによって、「(日本での)自分の普通」が「(中国や他国では)普通ではない」ことに気づくきっかけとなったのです。それが自己肯定感や日本にいると気づかない才能に気づくことにつながるのではないでしょうか。

以上のように、キャリア開発のための〝Being〟教育を多様性の中で実施することを通じて、以下の2つの結論に至りました。

1つは、特に中国人大学生が「人生で大事にしている価値観」や「働く意義」を理解することで、それらを自分のキャリアにいかに結びつけるかについて気づき、理解を深めた点です。

2つ目に、日中大学生がそれぞれの間の価値観の「相違点」と「共通点」を認識し、国籍にかかわらず同じ人間として理解し合うことがより容易になったという点です。

人工知能(AI)などの研究者であるオックスフォード大学のオズボーン教授(2013)が、今後10年から20年の間に米国の雇用の47%が機械に代替される可能性が高いと発表しているように、今後、ＡＩが我々の仕事を奪う脅威となるのではないかという議論があります。しかし、人間とＡＩの違いや人間とＡＩのコラボレーションという視点で考えると、むしろＡＩが発展する時代だからこそ、改めて自分の価値観や自己認識を深め、〝Being〟をベースにキャリアや人生を考えることの必要性が高まっているのではないでしょうか。

問（スペイン人）：私たち大学院生や大学生は仕事を探す時に、実際にどのようなワーク（作業）を行うといいのでしょうか？

答：いい質問ですね。ぜひ私の講座に来てください（笑）。まずは就職やキャリアをいったん脇に置いてください。そして「人生で一番大切にしたいことは何なのか？」を考えてください。もしイメージが膨らまなかったら、説明したライフラインを描いてみましょう。そうすれば、これまで何を大切にしてきて、転機にどういう決断をしたかがわかります。それがキャリアを考えるための「バリュー（価値観）」の要素になります。ここで就職を目的にしないのは、そうすると本当に自分が考えていることに曇りが出るからです。こういう仕事をするにはこういう価値観の方がいいかな、などと余計なことを無意識に考えてしまうリスクがあります。

問：未来のこともライフラインに入れた方がいいですか？

答：そうですね、時間的な制約で中国では入れていませんが、日本で実施した時には入れています。そうすると、過去を振り返り、現在から未来につなげることができます。

問：こうした議論をする際は、多様性があるのと単一の国籍とどちらが効果的ですか？

答：私はどちらも実施していますが、多様性がある方がいいと考えています。なぜなら、より自分が思いつかない視点やアプローチを示してくれる可能性が高いからです。多い時には、10か国以上の国籍の人たちで一緒にグループワークや議論をしましたが、自分では気づいていなかった自分自身の特徴を指摘するコメントをくれました。自分の新たな一面に気づくことにつながっています。

コメント（イギリス人）：中国人のバリューの話をありがとうございます。実は私もある中国人にその人の価値観について聞いたことがあって、その時に「ビューティー（美）」と答えたんです。その後、上海に行くことがあって、その人の奥さんを紹介されたら、すごい美人でした（笑）。これは冗談ですが、異文化間コミュニケーションを専攻した中国人学生で、親のすすめで金融機関に就職することがよくありますが、自分の価値観をもっと掘り下げて考える必要があると思います。

column

コラム：中国人大学生は「健康」が大事？

先ほどお話しした授業の内容に関して中国の若者の価値観について聞かれることが多いので、アンケート調査も踏まえて説明します。

大連外国語大学の大学生を対象として2018年10月に実施した日中共同アンケート調査結果によると、「自分のキャリア選択にどういう要因が影響していると思うか（3つ選択して、影響度が高い順に記載）」という設問に対しては、左のページにある表の通りとなりました。3つの組み合わせを見ると、2「自分の興味・関心」、6「世の中の流れ」、1「親の意見」を選んだ回答者が最も多かったです（表1）。多くの大学生は、自分の興味・関心や社会情勢をベースにキャリア選択を考えていますが、親の意見も一定の影響力があり、ある程度考慮せざるを得ない状況といえます。

問：価値観の話をされましたが、どういうバリュー（価値観）が中国人に多かったのでしょうか？

答：中国人は家族という答えが多いですね。大連外国語大学の大学生を対象としたアンケート調査結果をもとに説明します。「人生において大事にしている価値観（3つ選択）」の設問に対して

【表1】キャリア選択に影響している要因（3つ選択、n=538）

	回答人数	割合
2　自分の興味・関心	505	93.9%
6　世の中の流れ	432	80.3%
1　親の意見	330	61.3%
5　世間体・面子	151	28.1%
4　先生の意見	108	20.1%
3　友人の意見	36	6.7%

【表2】人生において大事にしている価値観（3つ選択、n=538）

	回答人数	割合
家族	315	58.6%
健康	226	42.0%
富	208	38.7%
自由	123	22.9%
友情	80	14.9%
自立	75	13.9%
楽しむ	74	13.8%
夢	58	10.8%
成長	57	10.6%
名誉	41	7.6%

資料：九門大士（2020）「中国人大学生のキャリア意識と中国の大学に求められるキャリア教育－大連外国語大学との日中共同アンケート調査の分析－」,『亜細亜大学アジア研究所紀要第46号』

中国人学生が回答したのは、上から順に「家族」「健康」「富」となっています（表2）。

問：でも、「家族」といってもそれにどんな価値を感じているかは人によって違うのではないですか？

答：そうですね、これについてはさらに調査する必要があります。ただ、授業などで色々な中国人学生に家族のどういう側面に価値を感じているかを聞くと、一人っ子世代のため、自分を大事に育ててくれた親や家族は非常に大切な存在という意見が多かったです。また、伝統的に家族のつながりや血縁関係を重要視する文化も関係しているのでしょう。「家族」の概念や重要度に関しては、西洋と中国では大きく異なります。中国では両親や同居している家族のみならず、親戚一同を含めて大きな意味での家族として捉えていることが多く、ワークの中でも、家族は20名以上という意見が出たりします。

問：日本人の価値観については、どうでしょうか？　中国人との違いはありましたか？

答：日本の大学生には大規模調査は行っていないので、授業などでの印象をベースにお話しします。中国で上位に挙がっている「家族」「健康」「富」が一番に出ることは少ないです。一方、「自由」、「楽しむ」は、共通していて、また、周りの人への「感謝」も多い印象があります。

問：第2位の「健康」についても大学生が重視するのは不思議ですね。

答：はい、まだ20歳くらいとすごく若いのに、なぜ健康を挙げているのでしょうか。私もびっくりしました。そこで中国人学生に聞いてみると、「ワークライフバランス」なんだということがわかってきました。例えば、「働き始めると、睡眠時間が短くなる」「体が資本なので健康を維持することが大事」などの声が上がりました。中国でも一部企業では長時間労働や仕事のプレッシャーやストレスが問題になっており、自分が関心を持っている仕事をしつつもがむしゃらに働くのではなく、自分の余暇や時間を確保しながら働きたいという「90後」世代の価値観が根底にあると思います。

中国人留学生の就職競争激化と帰国ラッシュ

高等教育がグローバル化する中で、イギリスの大学は戦略的に留学生を受け入れてきました。特に、中国人留学生の獲得はその目玉とも言え、著名な教育学者であるオックスフォード大学の苅谷剛彦教授の著書『オックスフォードからの警鐘』（中央公論新社）によると、「高等教育のグローバル化とは、アメリカ化や英語化（だけ）ではなく、『中国化』という側面を持つ」

と言えます。

イギリスの高等教育統計局（HESA）によると、2016～17年にイギリスの高等教育機関で勉強しているイギリス以外の学生の総数は44万2375人です。2016～17年の中国人学生数は、2012～13年比で14％増の9万5090人と増加を続けており、全留学生数に占める割合は21・5％となっています。中国人学生の数は他の国籍をはるかに上回っており、イギリスのEU外からの留学生の約3分の1は中国出身です。また、イギリスの大学院レベルで勉強している学生の42％はEU外からの留学生であり、その多くが中国人留学生と言われます。

大学間の国際競争が激化するにつれ、どの大学も優秀な留学生を取りたいと考え、人材獲得競争が起こっています。その中で問題になっているのは、中国人を中心とした留学生の就職です。2017年5月1日付の人民網によると、欧米に留学した中国人大学生は卒業後に帰国を選択する人が増えています。2012年には72・38％でしたが、2016年には82・23％に増加しています。その主な原因として、欧米など留学先の国で大量の中国人大卒者を受け入れられる状況にないことが挙げられています。

一方、在学中の学生はこうした現状をまだ認識しきれていないようです。ウォーリック大学の教員数名と話したところ、多くの学生はウォーリック大学（2018年のQS世界大学ランキングで57位の上位校）の大学院を卒業すれば仕事があると考えていますが、実際に卒業して直面するのは、イギリスでの就職が難しいという現実だということです。また、中国に帰国したとしても、米国やイギリスの有名大学院卒の中国人が非常に多いという現実を知ることになります。彼らが働きたいと思うようなグローバル企業には同窓生が多数おり、新卒の学生にも米英の大学院卒は大勢います。つまり、ウォーリック大学院卒というだけでは自分を差異化するセールスポイントにはならないということです。2017年8月22日付中国通信社（CNS）の記事によると、中国最大のシンクタンクCCGの「2017中国に帰国した留学生の就職・起業調査報告」では、帰国留学生の9割近くが帰国後半年以内に仕事を見つけているが、仕事の内容は留学時の専攻との関連が低く、月給が期待を下回った割合は68・9％に達していると報告されています。

留学生へのオンライン教育の進展

ウォーリック大学では、コロナ禍以前から既にオンラインで様々な学びの方法を提供しています。1つは、グローバルパッド（Global pad）という大学内のサイトで学生向けにワークショップ、eラーニングコース、学びの評価などを教員が開発して提供しています。オンラインで学べる学生向けの教材は、留学と自宅で学べる国際化の2つのコースに分かれています。

留学では、出発前の準備、留学中の内省的学習、帰国後の応用学習の3つの段階の学習があります。自宅での国際化については、最初の出会い、異文化間交流、将来計画（雇用可能性）の3段階の学習があります。

対面型のワークショップに、こうしたオンライン教育を加えることにより、受講できる学生数を増やすとともに、他の学生がいるクラスでは人目を気にしてあまり発言できない学生も、オンラインツールで学習することで学習を深め、内省できるようにしているのです。また、これらのツールをライセンス化して、外部の大学や企業が利用できるようにしており、日本の大学と比べて企業との連携や遠隔教育など新たな教育手法を取り入れている印象を受けました。日本でも中国人留学生を中心に留学生が増える中、ウォーリックの大学院で行われているような留学生のグローバル化やキャリア意識醸成に対する取り組みは、今後日本の高等教育機関においても必要性が高まると考えられます。

ミレニアル世代の元留学生に聞く：みんなが思う「かっこいい」ではなく、自分が「何に問題を感じるか」

以前日本に留学していて今はアメリカで働くミレニアル世代のアメリカ人のケンさんに、将来のキャリアについて聞いてみました。

九門：将来のキャリアをどう考えていますか？

ケン：アメリカがあまりアットホームに感じられないんです。1年くらいは今の会社で働こうと思いますが、日本に戻るかも知れないし、シンガポールなどアジアに行くかもしれません。一番大事なのは、自分が「何に問題を感じるか」を見つけることです。

九門：まだ情熱をもってやりたいことが見つかっていないということでしょうか。アメリカでも、「優秀なる羊たち」という本が少し前に話題になりましたが。

ケン：私もそこで語られるアイビーリーグの大学に通っていましたし、メリトクラティック社会（能力主義をベースとした社会）についても知っています。でも、私もまだ「羊」ですね。

九門：アジアでは親の影響がすごく強くて、「とにかくいい大学に行っていい職につきなさい。そうすれば、給与も社会的地位も高い仕事を選べる。そのために今勉強しなさい」と言われます。結局、何をしたいか考える機会が全くないまま卒業するという話をよく聞きます。

ケン：それはアジアだけではなくてアメリカの上層中流階級（アッパーミドルクラス）でも全く同じです。アイビーリーグに行っても、自分が何をしたいか誰もわからないのです。

私の友人でアイビーリーグの大学をGPA3・7の優秀な成績で卒業して、世界的に有名なコンサルティング会社で働いている友人がいますが、彼は「自分の仕事が大っ嫌いだ！」と言っています（笑）。

九門：そうなんですか。

ケン：別の友人はアイビーリーグを卒業して投資銀行で働くことにしました。彼は投資銀行が何なのかも知りませんでしたが（笑）。それでも私は同級生たちに最初からスタートアップで働くようには説得できません。みなコンサルティングや投資銀行に行くと安心だからです。説得するにはロールモデルが必要です。

九門：でも、社会的企業やスタートアップに行く若者もいるのではないですか？

ケン：確かにいますが、それも何かをしたいからではなく、社会的にかっこいいとされているからです。例えば、大手コンサルティング会社で2年働き、1年スタートアップで働くようなキャリアがかっこいいという感じです。私自身は、違った道を探して、大学を卒業後タイの非営利団体で働いたことがありましたが、その時本当に心が満たされている充実感を感じました。でも、給料が安く、この仕事を続けていくのは難しいと思いました。この大きな「システム」

を変えるには、例えば貧困地域に2年間行くことを必須にするなどの仕組みが必要です。

九門：私はそうした「システム」を変えるために教育的観点から、中国や日本でケンよりも少し若いZ世代の若者に自分のキャリアや人生を考える機会を提供していますが、こうした自分自身について内省する機会や場・プラットフォームについてどう思いますか？

ケン：それもいいですね。また、実際に何がやりたいかという仮説を検証するような方法も有効なのではないでしょうか。例えば、次に就く仕事を一生やるのだという風に仮定すると、どう感じるだろうか？　などを考えながら働いてみるのです。

九門：それは面白いですね。本当にイノベーティブになるには、常に仮説をテストするマインドセットが必要だということですね。私が海外インターンプログラムなどで行っている、BeingとDoingのリンクに近い考え方です。こういう仕事がしたいという思いで働いてみて、その結果どういう気づきがあったかを振り返り、さらに次のステップに活かしていくということです。

ブラジル人のサントスさんも、こうした社会の仕組みに違和感を覚えていると話していました。彼女はブラジルの地方の小さな私立大学に通っていました。サントスさんは、「ブラジルではこうした小さな大学の学位は意味がないと考えられていて、日本に留学する奨学金を取るのが大変で、3回受けてやっと取れました」と苦労を語ってくれました。しかし、「一度奨学金を取ると、いい大学院に留学できて、そうするといい企業に就職できるというように全てのドアが開くようにとてもスムーズでした。私自身は全く変わっていないのにすごく変な感じがしました」と言います。サントスさんのように教育格差を乗り越えていける人は少ないのが現実だということです。

いつ日本企業を辞めようと思うのか？

「会社を辞めたいんです」

これは多くの日本企業が外国人から言われたくない言葉でしょう。外国人社員が会社を辞めたいと思う理由は様々です。

第1には、もっと成長したいということです。インドネシア人のルディさんは、「結構考えが変わりますね。入社する前は3年くらいと思っていましたが、今は5～7年くらいいいようかな、ずっとここで働き続けてもいいかなと思っています」と屈託なく笑いました。

その理由を聞いてみると、「仕事をしてみると、まだできないことが色々あるのがわかりました。転職するにしてもスキルを習得しないと難しいですし、起業も考えています。インドネシアに帰国することは今考えていませんが、帰るとすれば現地の経済状況などを見て考えます」ということでした。

学生時代と働き出して以降では勤務期間への考え方も変わります。しかし、ずっとこの会社で働くかもしれないが、それ以外の選択肢も色々あり、そのために自分の能力を高めたいという点では、日本のモチベーションが高い若手社員と近いのかもしれません。

アメリカ人のケンさんは、もっと成長スピードに貪欲でした。「留学生はあまり1つの企業に長く勤めないと言われますが、私が今いるシリコンバレーの感覚では20代で同じ会社に1年いるとまあまあ長かったね、3年もいると最長老のような扱いです」と語ります。シリコンバレーで働いていることもあり、彼は「会社は私を使う。私も会社を使う」という平等でフラットな契約ベースの働き方が心地よいといいます。日本のスタートアップを辞めてアメリカに戻ったきっかけについてはこう語ります。「日本で働いたのはCEOと一緒に働けて昇進もあり、とてもいい経験でした。ただ、日本のビジネスは、グローバルなベストプラクティスと切り離されている印象がありました。もっと最先端のビジネスプラクティスを学びたいと思ってアメリカに戻ることにしました。アメリカという世界で一番大変な労働市場で学びたかったし、自分を試したかったのです」

中国人の李さんは、「中国では、エンジニアなどは新しい技術を学んだりする必要があるため、日本と違い30代の給与が一番高い傾向にあります。私も日本でどれくらい働く予定かはまだ決めていません。その時の感覚で、居心地がよければいたいと思いますし、中国に両親がいるので戻ってきてほしいと言われたら帰国するかもしれません」と話します。また、最近は日本人の若手社員の意識もかなり変わってきたと感じているようです。20代の同僚と話すと、元々このスタートアップでインターンをしていて新卒で大手自動車会社に入社したが、2年で辞めてまたスタートアップ企業で働き始めたという話をしていたそうです。その理由は、大企業だとあまり自分が成長を感じるような仕事を若い時から経験できないと思ったということでした。

日本でも、個人の「キャリア自律性」が大事と言われていますが、これまで日本では個人のキャリア自律性と引き換えに長期雇用を保証してきました。しかし、外国人や日本人の若手社員に対しては、ある程度個人の部署や職種の希望を優先し、異動・転勤なども本人希望や本人承諾を必要とするなど、個人と会社がフラットな関係性を模索する必要があるでしょう。

しかし、退職するからといって必ずしも会社や業務に不満があって辞めるというケースだけではありません。家族の世話をするために帰国しないといけない、夫婦で夫や妻が仕事の転勤で海外に行くことになった、(特に女性の場合)親がそろそろ帰ってきてほしいという、など家族やプライベートなことが理由であるケースも多いのです。そのため、前に講義の中で話したようにアライアンス型の考えで、本社を辞めても現地法人に転籍してもらう、母国でできる仕事を発注するなど、その人材とのネットワークを切らさないことが外国人社員の場合は特に大事になります。

2つ目は、外国人が本当に社内で昇進など含めて成功するには、相当時間がかかると感じた時です。ZOOMの画面を見ると、アジア系の女性が白を基調としたゴージャスなリビングルームから出迎えてくれました。アメリカ人女性ジュリア・ヤンさんです。「この部屋すごく豪華に見えますが、バーチャル背景ですよ！」と笑いながらフランクに話してくれました。確かによく見てみると、現実のリビングではないのですが、サンフランシスコにいる人と話していると思うと、本物に見えたりもするから不思議です。彼女のこれまでの仕事の話などを聞くと、陽気でエネルギッシュに機関銃のように一気に話してくれ、話についていくのが大変でした。起業家精神にあふれ、好奇心の塊のような女性です。

ジュリアさんは、「私は常に成長を求めていて、新しい機会がほしいと思っていました」と、以前日本の大手メーカーで働いていた当時のことを振り返って話してくれました。「日本の職場には、3年目になるまでに適応していました。日本だとみな忙しいので、3週間～1か月前にはアポイントを取らないとだめなこととか。でも、自分が乗っている大企業という豪華な列車が自分の思いと違う方向に進んでいる感じがしたのです」と自分のポテンシャルをもっと確かめてみたいと思った時のことを話しました。

彼女は勤めていた日本の大手メーカーの印象をこう語ります。「日本の会社は、大学のような印象でした。例えば、職場には本当に色々な人がいます。保守的な人もいれば、海外駐在経験があってオープンな人もいます。すごく優秀で尊敬できる人もいれば、かなり変わっていて仕事ができない人もいました。大学や大きなファミリーのように色々な人がいる感覚です。大学の学生はできなくても解雇されないですしね」と茶目っ気たっぷりに笑いました。「当時日本で女性が働くというと、いわゆる秘書や日本のOLというイメージでしたが、それは嫌だったのです。だから、同僚や上司に意見をはっきり言ってぶつかることも多かったのです」

また、日本では特にアジア人やアジア系の欧米人は、外国人でも外見から日本人のようにふるまうことを期待されるのを感じていたようです。「最初は良かったのですが、1年、2年と年を追うごとに、日本人のようにふるまってほしいと期待されているのを感じました。これ以上ここにいると、日本人にならないといけないような感じがしたのです」と、そのことも退職の1つの要因になったと話します。

「自己認識」をベースにしたキャリア教育の必要性

関東の国公立大学のキャリアカウンセラーのKさんは、留学生を採用した企業側の課題として、入社させたのはいいが本人が将来的に何をやりたいかがわからず、結果やめてしまうという状況が増えていると言います。「成長したい」とは言うものの、どういう仕事をして、どう成長したいかがわからないので、その後のキャリアアップが難しいのです。そのため、大手企業から大学に留学生に対するキャリア教育をしっかりやってほしいという要望が上がっているということです。就職活動でも、自己分析ができない、学業以外で頑張ったことを書き出せないなどの問題があるようです。

この話を聞いて、中国人をはじめとする留学生は、これまでかなり勉強を必死に頑張って将来をあまり考えたことがないケースが多いため、その状況で自己分析するのは難しいだろうと思いました。そのために大学でキャリア教育を行うことも必要とは思いますが、その際に注意点があります。それは最初から就職に必要な（特定の業界や会社に入ることを目的とした）「自己分析」をさせないということです。これは就職活動する際にスキルとして必要なものかもしれませんが、試験と同じように、対策をすればある程度できてしまいます。しかし、その前に自分はそもそもどう生きたいのかということを考えたり人の意見を聞いたりして、素の「自己認識」を明確にしておくべきだからです。

もちろん大学院生（大学生）のうちから自分の軸が定まるという人は少ないでしょうし、むしろそうでない方が柔軟でいいと思います。しかし、一度そのことについて向き合っておくということが、今後の「自律型キャリア」を考える上では重要なことです。

これに対しては、「価値観が明確になったら（こうあるべきという点から解き放たれたら）、上昇志向が強く競争が激しい中国社会で生きづらくなるのでは？」と思う方もいるかもしれません。しかし、グローバル化する世界で多様な価値観の人々と働けるようになるには、まず自分の価値観や軸がしっかりしている必要があります。また、そういう競争社会に合わないので日本に住みたいと思う人も増えるかもしれません。最終的には自分の価値観が定まると、社会的に是とされている上昇志向に興味がなくなったり、別の強みで差異化したりして生きていけるようになるはずです。その上で、現実的な大学の対応としては、大学院入学前からサマースクールで講座を開講したり、キャリアカウンセリングを行ったり、中国の大学と連携したキャリア教育を考えることなどが必要になります。

企業としては、外国人を受け入れる際に、個々が日本で働く理由や背景についてもっと理解する必要があります。同じ外国人社員とはいえ、日本に来た理由や日本企業で働きたい理由は異なっており、個々に応じたキャリア開発を支援していく必要があるためです。しかし、現状最も日本で働く割合が高い中国人社員についてでさえ、企業の現場の管理職や担当者は、彼らが中国でどういう風に成長してきてどういうキャリア教育を受けているか、など基本的な状況についても知らない状況です。外国人社員は自分のキャリアについて考えを深め、日本人社員も外国人社員の背景について理解するという歩み寄りが必要なのです。

第5章

日本企業と欧米企業の違いとは

みなさん、こんにちは。今日は第6回目の「日本産業論」の講義を始めたいと思います。これまでの講義で、日本企業のユニークな組織の仕組みや就職、働き方について議論して学んできました。そして、多くの留学生が日本で働きたいと思っているのに、様々な課題があって3割の人が就職できないという問題を見てきました。みなさんが就職する時、また日本の会社や組織と仕事をする時に悩むのは、こうした日本企業独特の組織や働き方、商習慣がわからない時ではないでしょうか。「ジョブ型」に代表されるようにみなさんがかけている「メガネ」で、「メンバーシップ型」の日本企業を見ると、歪んで見えたり、はっきり見えなかったりすることも多いでしょう。

でも、同じように、日本企業の人たちもみなさんのような外国人材と一緒に働く時に、なぜこういう言動をするんだろうと思うことがあるということです。ですから、お互いがかけている「メガネ」を一度外した状態で、お互いを理解することが必要なのです。今回はさらに踏み込んで、そもそも日本企業と欧米企業がどう違うかについて、株式会社のシステムの視点から東京大学公共政策大学院の角和昌浩客員教授にお話しいただきたいと思います。

講義：日本の株式会社のシステム：会社のリンゴは食べられるか？

みなさん、こんにちは。今日は日本の株式会社のコーポレートシステムについてお話しします。今日の内容は、東京大学の岩井克人名誉教授の理論をベースにお話しします（Katsuhito Iwai, 2010）。岩井教授の問題意識は、「それぞれの会社の目的や仕組みには大きな違いがあり、欧米、日本の会社は似た会社法をベースに資本主義経済の中に存在しています。では、世界共通の資本主義の枠組みは、相反する仕組みを持つ会社をどのように許容しているのでしょうか？」という点にあります。

まず所有権についてです。所有者は自身の資産を所有することができます。資産は自身の財産であり、自由にすることができます。ここにリンゴがあるとします。例えば、あなたが小さな青果店を経営していたとして、店先にあるリンゴをがぶりと食べたとしたらどうでしょう？何の問題もないですね。つまり、オーナーであるあなたは財産であるリンゴを自由にできます。ただし、このようにモノを所有することはできますが、ヒトを所有することはできません。

国連の世界人権宣言（1948年12月10日国連総会採択）は、このように述べています（文部科学省仮訳より引用）。

第1条：すべての人間は、生れながらにして自由であり、かつ、尊厳と権利とについて平等である。人間は、理性と良心とを授けられており、互いに同胞の精神をもって行動しなければならない。

（中略）

第４条：何人も、奴隷にされ、又は苦役に服することはない。奴隷制度及び奴隷売買は、いかなる形においても禁止する。


つまり、ヒトをモノとして扱うような契約は法に反しているということになります。

これは自営業としての企業の話でした。では、株式会社ではどうでしょう？　この場合も同じです。企業が法人化されると、「会社」となります。会社には色々な形態がありますが、株式会社はその中の典型例です。例えば、あなたが上場している大きなスーパーチェーンの株主になったとします。株式を持っている会社の店に入って、おなかがすいたから、棚にあるリンゴをとってがぶりとかじったらどうなりますか？

「スーパーの店員に通報されて捕まります」

そうですね、あなたは窃盗罪で逮捕されるでしょう。なぜでしょうか？　それは株式を所有する株主は、会社資産の法律上の所有者ではないからです。では、誰がこのリンゴを所有しているのでしょうか？　法人としての企業、つまり「会社（コーポレーション）」ですね。会社の資産は、法人としての「会社」が所有するということになります。ですから、今からこのリンゴは「会社のリンゴ（コーポレートアップル）」と呼ぶことにします。

では「会社」を所有している人を何と呼ぶでしょうか？「そうですね、株主です」。株主は法人としての会社の所有者です。彼らは、自由に所有している株式を市場で売買することができます。「ヒト」としての株主は「モノ」としての会社の株式を所有しているからです。しかし、先ほど「ヒト」としての会社が「会社の資産（リンゴ）」を所有しているということも話しました。

ここが岩井理論の要点なのです。会社は、「モノ」と「ヒト」の両面があり、二重の所有関係の組み合わせによって成立している組織なのです。ヒトとしての会社がモノとして会社資産を所有している、この点を強調しておきたいと思います。

現実社会では生身の人間が仕事をしている

しかし、現実社会では、法人としての会社のために生身の人間が仕事をしています。その代表を「代表取締役」といいます。「代表取締役」は会社を代弁して、契約に署名をしたりします。ヒトとしての会社は、手を持っていませんし、ペンを持つこともできませんからね。では、法律では、代表取締役と会社の関係を何というでしょうか？

「コントラクト?」「サービス?」

残念ながら違います。法的には、「信任関係(フィデューシャリー・リレーションシップ)」と言います。この言葉は重要なので、後でまたお話しします。

では、現実の企業でこれがどう運用されているか見てみましょう。企業の組織には、株主が参加する株主総会があって、誰がCEOに就任すべきか、などを決めます。

株主総会はこの会社の目的を決めますが、1年に1度集まるだけです。確かに究極的には株主総会が決定権を持ちますが、現実には取締役会が実行権を持っています。ただし、取締役会も社会から会社の意思決定についてチェックを受けることを受け入れ、そのために監査委員会やその他の様々な委員会などが存在し、彼らの意見を聞いているのです。

米型のプロパティファームと日本型のエンティティファーム

次にコーポレートパーソナリティ(法人格)について話します。これはスタンフォード大学の青木昌彦名誉教授が提唱されたのですが、プロパティファームとエンティティファームの2つの種類があります(Masahiko Aoki, 2010)。プロパティファームは、会社を「個人の契約的集合体」とするため、株主は株主の利益のために行動し、会社を所有物として扱うというものです。もう一つのエンティティファームは、会社を「利益共同体」とするものです。これはステークホルダーの観点で、会社を自律的なエンティティ（利益共同体）として考えます。株主は会社に短期的な利益を求めず、長期的で持続的な成長を歓迎します。ちなみに、長期的コミットをしているが、活発に意見を言う株主を何というかわかりますか？　そうです。ESG投資家です。環境、社会、ガバナンス、これらの3つを彼らは重視します。

次に、この2つの会社について説明します。プロパティファームは、こう考えます。

「会社は株主のためにあり、株主は会社を彼らの財産のように売ることができる。

会社は最低のコストでベストな従業員を得られる。

コアな社員以外は、（転職・解雇などに伴う）従業員の変化にかかわらず、会社はマシーンのように機能することができる」

エンティティファームは、こう考えます。

「ブランドと評判。誰が働いているかにかかわらず、企業自身の評判が重要。

学校や大学のような感覚（所属している感覚）。

従業員は、歴史ある会社の受託者のようにふるまう。

会社はカンパニー（仲間）であり、マシーンではない。伝統とプライド」

ここで、岩井理論に戻りましょう。岩井理論によると、この2つの会社の種類をつなげることができます。岩井先生が提唱する2階層システムの1階部分に目を向ければ、ヒトとしての会社、例えば会社資産の管理などに焦点が当たります。これはエンティティファームにあたり、日本企業の特徴を表しています。このシステムはサステイナブルで長期的な生存を目的としています。日本企業にとって、イノベーションとグローバル化は成長のエンジンでした。日本の特に大企業は、代表取締役を含め役員を社内から選ぶ傾向にあります。そして、この2階部分に注目すると、これはプロパティファームでアメリカ企業の特徴を表しています。株主が会社をモノとして扱う形ですね。

岩井理論は、資本主義の中で日本とアメリカは、エンティティファームとプロパティファームという両極にいるということを示しています。そしてこのコーポレートシステムを決定するのは社会の選択によるものです。文化や伝統、歴史的進化、政治的要因、経済効率、思想的な要因などが様々に絡み合って決まるものです。そして、どちらのシステムがいい、悪いではなく、この2つのタイプのコーポレートシステムが同じ市場で共存し、競争しているということです。また、アメリカ企業は基本的にプロパティファームのモデルが多いですが、最近「利益の最大化」にとどまらない、新たな「パーパス（存在意義）」を模索する企業も出てきました。

スタートアップや国営企業をどう考えるか

そして、最近のビジネスにおける変化についても触れる必要があります。現在、違う種類の会社が出てきています。それは「国有企業」「私営企業（プライベートオウンドカンパニー）」です。どちらの形態の企業も株式市場に上場したり、株式を売買できる状態になったりしていません。みなさん、イーロン・マスクを知っていますか？　スペースXなど多くの企業を創業した起業家で、月に行きたいと言っていますね。私も彼が大好きです。ジャック・マーは誰ですか？　そう、アリババの創業者ですね。どちらもスタートアップで最初は非上場でした。

スタートアップは急速な成長と大きなリターンなどから非常に注目されていますが、長期的、持続的な価値創造や成長が見られないケースも多いです。スタートアップは魅力的であると同時に、懸念もあります。それはまだ初期のステージでは、彼らのガバナンスは非常に緩いものになっているからです。スタートアップのCEOは適切な監督やチェックを受けていません。こうした違うタイプの企業（ファーム）が同じ資本主義市場で競争しています。

ここでもう一度、フィデューシャリー（信任）関係に戻ります。岩井教授は著書『会社はこれからどうなるか』（平凡社）の中で、フィデューシャリーというのは、「別の人のための仕事を信頼によって任されていること」と定義しています。そして、信任は契約とは異なる概念だということが重要な点です。

医者が患者の手術をすることを考えてみましょう。この医者は患者と契約を結びませんが、患者のために手術を行います。また、未成年者など契約を結べない人のために財産管理などを行う後見人は、未成年者との間に信任関係があると言えます。ですから、会社の取締役は会社に対して信任義務を負っていると考えられます。なぜなら、法人としての会社は、手がありませんから、契約に署名できませんし、生身のヒトである取締役に義務を果たすよう強制もできません。そのため、彼らはこの信任関係にあるということです。

しかし、まだ疑問は残ります。どうやってこのマネジャーが信任の義務を果たしているかを証明できるのでしょうか？　これがコーポレートガバナンスシステムになります。会社では誰が「パーパス（存在意義）」を定義するのでしょうか？　プロパティファームの場合は、どうでしょう？　そうです、「株主」ですね。彼らは目的、配当、キャピタルゲインなどを決めます。

エンティティファームはどうでしょう？　「ステークホルダーです」。本当ですか？　違います。「代表取締役」が決めます。これは少しトリッキーでしたね。会社に対して信任関係にある代表取締役は、会社の目的を様々なステークホルダーの意見やニーズの優先順位を判断して決めます。

そして、代表取締役は意思決定や判断に対して公に説明する責任があります。これがコーポレートガバナンスのメカニズムです。代表取締役は、ステークホルダーの意見を集約し、社会的な共通善を前提に会社が向かうべきゴールを決定するのです。そして、その決定が会社にとって正当かどうかを説明する責任があります。なぜなら、代表取締役と会社は、信任関係にあるからです。

それでは、今日はこの辺にしましょう。私は疲れましたし、みなさんも疲れたでしょう。早く家に帰りたいと思っているでしょう（笑）。では、またお会いしましょう。

講義：社会課題の解決をビジネスにするという企業理念

みなさん、こんにちは。第7回目の「日本産業論」を始めます。今回は、オムロン株式会社サステナビリティ推進室　エンゲージメント推進部長の松古樹美さんに講義頂きます。第6回の授業で日本企業と欧米企業の違いについて学びましたが、実際に日本企業がステークホルダーに対してどういう企業理念で経営を行っているかを、具体的なオムロンの事例からひも解いていきたいと思います。オムロンは事業における価値創造を通じて、企業の価値を高め、シェアホルダー（株主）の満足度を高めるだけでなく、社会課題の解決に取り組んでいます。オムロンのイノベーションやグローバル化の具体的事例を通じて、いかにこうした企業理念を企業活動に結びつけているかについてお話しいただきたいと思います。それでは、松古さんよろしくお願いいたします。

みなさん、こんにちは。今日は「企業理念に根ざしたオムロンの取り組み」というテーマで話をします。私自身の経歴も含めてほしいということでしたので、そういう内容も盛り込みつつ、進めていきます。本当にこれほど多様なみなさんに対してお話しできるのが嬉しいです。でも、みなさんの多様性には1つだけ欠けている点があります。なんだかわかりますか？　それは年齢です（笑）。ですから、本日は、日本の事情については、もちろん、年齢的な意味でもみなさんの多様性に対して貢献できると思います。本日お話しする内容は、イントロダクション、オムロンにおけるイノベーション、オムロンで働く人々、オムロンのビジネスとグローバル化、まとめとなります。

まずは私の経歴の紹介ですが、私はもともとオムロンに入社したのではなく、大学を卒業して最初は野村総合研究所というシンクタンクで働いていました。その後、グループ内で複数の仕事をした後、野村證券に移り、縁あってオムロンで今働いています。

オムロンは、「われわれの働きで　われわれの生活を向上し　よりよい社会をつくりましょう」をミッションとしています。そのベースにはサイニック（SINIC）理論というものがあります。創業者の立石一真は、「事業を通じて社会的課題を解決し、よりよい社会をつくるにはソーシャルニーズを世に先駆けて創造することが不可欠になる、そのためには未来を見る羅針盤が必要だ」と考えました。そこで科学・技術・社会の相互関係から未来を予測するサイニック理論を1970年に構築しました。オムロンはこれを経営の未来シナリオとしていますが、2005年から現在は「最適化社会」（個に合わせた情報と機能が選択できる社会）とされています。

そして、そうした社会を見据え、オムロンは社会的課題の解決に取り組むことで企業の価値を高め、シェアホルダーとそのほかのステークホルダー両方の満足度を高めることを目指しています。具体的に注力する事業領域としては、「ファクトリーオートメーション」、「ヘルスケア」、「ソーシャル・ソリューション」などがあります。

バックキャスト型のイノベーションが特徴

次に、オムロンのイノベーションについてお話しします。オムロンのイノベーションを支えるのは、Near Future Design（NFD＝近未来デザイン）です。つまり、近い将来の変化や社会課題を想像し、これまでにない価値を生み出すために必要な技術や商品を考え、ビジネスとして成立するか検証し、実行するというバックキャスト型のソーシャルニーズの創造のことです。このバックキャスト型アプローチをファクトリーオートメーションに応用したものが、i-Automation!というコンセプトです。「i」はイノベーションの「i」を指し、「integrated（制御進化）」「intelligent（知能化）」「interactive（ヒトと機械の新しい協調）」の3つの「i」を通じて現場の課題を解決するものです。例えば、労働人口の減少という課題に対し、製造現場にて機械が人の動きを感知して技術を学習できるようにし、機械が人の活動をアシストするようなオートメーションのシステムの構築です。

では、これから10年間はどうなるでしょうか？　社会課題はより複雑になるでしょう。ですから社会課題を考えると同時に、社会的な（ソサエタルな）ソリューションを考えなければなりません。みなさんはオムロンにこれから何が必要になると思いますか？

私たちのコアな技術と考え方について少し説明しましょう。写真のロボットはFORPHEUS（フォルフェウス）と名付けられた卓球ロボットで、開発の際に、私たちは未来の人とロボットの関係性を代替、協調、融和の3つの段階で考えます。まずは、ファクトリーオートメーションや自動改札機など人間がする必要がない作業の代替化です。次に、協調は、今世界で起こっているような人間と機械のコラボレーション段階です。人とロボットが生産性を最適化するために生産ラインで協力することは1つの例です。そして、今この関係性は第3段階の融和段階を迎えています。この段階では、人間の能力の可能性を広げるような働きをロボットがします。その象徴がフォルフェウスです。例えば、フォルフェウスと人間が卓球のラリーをします。その時、この段階のロボットは相手の人間がどの程度のレベルにあるかを感じ取って、ラリーを一番長くできるように自分のレベルを調整します。普通は人間が機械に合わせますが、私たちのロボットだと機械が人間に合わせるという発想をするということです。

ここまでお話ししてきた内容をまとめると、今後、持続的に成長していくために、新たなビジネス、イノベーティブなアプリケーションや製品、技術を、NFDを基に開発していくということです。今朝、実はこれからの長期戦略を考えるにあたって、まず2030年にどのような社会であるべきかについて3時間の会議をしていました。全く結論は出ていないのですが、これは私たちが今後どういうビジネスで、どういうドメインに向かっていくかを決める重要なテーマです。

社会課題解決プランのコンテストでグローバルに企業理念を共有

次に、オムロンの人財マネジメントと多様性について少しお話しします。人財マネジメントの1つの方法としてVOICEという取り組みがあります。社員に対して会社への満足度に関するアンケートやコメントを募集することを行って、マネジメント側がそこで挙げられた課題の解決に取り組むというイニシアチブで、2016年に始まりました。

また、成長を加速するために、ダイバーシティ&インクルージョンが必要という認識があります。ただ、これまで行ってきたやり方があるためなかなか劇的な変化は難しいですが。ダイバーシティの観点からは、お配りした統合レポートのこの記事はぜひ読んでください。オムロンが初めて工場で障碍者雇用を半世紀前に行ったストーリーが掲載されています。この記事をぜひ読んで頂きたいと思います。なぜなら、これは私がオムロンに入社しようと思うきっかけになったものだからです。その時のモットーは、「これはチャリティではなく、チャンスだ」というものでした。今でこそこのフレーズは耳慣れたものになっていますが、50年前はこういう風に考えるのはとても新しい発想でした。

次に、オムロンのビジネスとグローバル化について話します。ビジネスのグローバル化は進んでおり、約6割の売上は日本以外の海外市場によるものです。今お見せしている写真は世界中のリーガルチームで、リスクマネジャーが年間最低1回はフェイストゥフェイスで会うようにしています。各国で法律が異なるので、まったく同じようにはできませんが、内部ルールなど基本的なラインが同じになるようにグローバルですり合わせ、各地域で浸透活動をしています。グローバル企業として、世界中から従業員が集まって現場の意識をすり合わせるだけでなく、オペレーションをグローバルレベルで統一することを目指しています。

最後に、最初に少し説明した企業理念についてですが、オムロンの企業理念を共有し、エンハンスしていく仕組みがいくつもあります。そのうちの1つがTOGA（The Omron Global Award）です。社員が事業を通じた社会課題解決の事例をピッチし、互いに讃え合うグローバルコンテストです。たとえばIoTを使ったごみ処理システム（オーストラリア）や、イノベーティブな「働き方改革」など様々な取り組みがあり、企業理念のビジネスにおける実践がグローバルに共有できます。最初のゴミ処理のシステムの案は多くの都市部で問題になってきているものです。社員が世界中から参加するので、それぞれの社会に必要な有益な情報を得たり、部門を越えたコラボレーションの機会を探ったりもできるのが魅力です。

本日の講義はこれで終わりたいと思います。ありがとうございました。

九門：ありがとうございました。みなさん、講師の方にもう一度拍手をお願いします。それでは、いつものようにグループに分かれて今の内容について議論して、質問を考えてください。

多様な社員の意見はサステイナブルなビジネスに必要

受講者：オムロンの取締役は今女性が1人しかいないようですが、どうやったら幹部層に女性を増やせるでしょうか？　そして女性が幹部層に増えることが、企業のサステナビリティにどう貢献するでしょうか？

松古：実はその1人も社外取締役で、社内から出ているわけではありません。ただし、これから候補となる女性社員や人材プールは5年から10年でかなり増えると思うので、心配はしていません。女性のみならず、外国籍社員など多様な社員の意見は、どういう社会課題があるかを認識する際にもとても有益だと考えています。

受講者：オムロンは積極的に機械化・自動化を進めていますが、これは人の仕事を奪うことにはなりませんか？

松古：これは実際、私が関心を持っていることの1つです。お話ししたように、人間と機械のコラボレーションは人間を単調な作業から解放し、より創造的な仕事に従事できるようにするという美しいストーリーですが、同時にそのネガティブな側面についても検討しておく必要があります。私たちは人権の観点からも、就労の機会が著しく減らないようには配慮していますし、テクノロジーを使えるスキルがある人たちを雇用するようにしています。

受講者：ありがとうございます。少しコメントがあります。今後、技術が進化していくことにより、雇用を失う人々も出てくると思います。そうした失業者に対しての、テクノロジー的な訓練や研修を提供することも考えると良いのではないでしょうか。技術やスキルが高いエンジニアを雇用するだけでなく、より広い意味での教育を人々に提供するということも必要なのではないでしょうか。

松古：（オムロンの方から）逆に私の方からもみなさんに質問させてください。オムロンが目指すべきより良い社会とは何かを考えていますが、みなさんが考えるより良い社会（ベターソサエティ）はどういうものですか？

受講者：「人権の尊重が世界的になされている社会だと思います」

「インクルーシブ（包摂的）な社会です。人種差別、性差別、環境破壊などがないマイノリティーに対して優しい社会です」

「もっと社員中心の働き方やビジネスモデルの改革がされている社会です」

外国人社員に聞く：英語で面接を受けてオムロンに入社、日英半々で業務を

本日はオムロングローバル人材戦略部の周琳妍さんにも来ていただいています。中国のご出身と聞いていますが、ご自身の経験を含めて外国籍社員が日本で働くということについてお話しください。

周：ありがとうございます。オムロンの周です。私は上海出身で、オムロンに入社して4年目になります。グローバルHRストラテジーの部門にいますが、入社後1年間は外国人材の採用を行っていました。

中国の大学を卒業して5年前に来日し、英語コースの大学院を卒業しました。その当時日本語はほとんど話せなかったので、就職活動は日本語の壁に苦しみましたが、オムロンは英語で面接をしてくれ、さらに1年間の日本語の研修を入社前に受けることができたので、そこでかなり日本語を勉強できました。中国人ですから、漢字は親和性がありました。入社後もすべての会議が日本語で大変でしたが、今は半分英語、半分日本語で仕事をしています。

みなさん留学生ですが、日本企業に入りたいと思ったら、自分の強みが何かをきちんと考え

る必要があります。これは入社後のキャリア開発にもつながる話ですが、自分が何をしたいのかということです。そして、仕事をする上でマインドセットはもっと大事です。本当に社会に貢献できるか、会社に貢献できるかということを真剣に考える必要があります。みなさんが働きたい勤務期間について先ほどお話があり、3年〜5年と答えた人が一番多かったですね。働いていて感じるのは、どれくらいの期間その会社で働くかは関係ありません。大事なことは、一緒に働いている時にお互いにいい影響が与えられるかどうか、お互いの目標を達成できるかどうかということです。

留学生が日本で就職活動するのは、日本語や日本的な就職活動の方式を理解しなければならないので大変ですが、オムロンには特別な採用プログラムがあります。言語は、会社に貢献できる価値のうちの1つでしかありません。ですから、自分の強み、価値を理解し、それを使って仕事が出来れば、日本語が流暢でなくても大丈夫です。日本企業も変化しているということを理解してください。

また、グローバルチームについて少しお話ししたいと思います。グローバルのリーガルチームは1年に1回必ず会います。グローバルチームは英語を使って仕事をしており、法律部門だけではなく、エンジニアやスタッフを含めて英語を使って仕事をすることは増えてきています。海外法人における現地化も進んでいます。現地法人のトップマネジメントは、以前なら日本人駐在員が多かったのですが、今はローカルの人材に変わってきています。

松古さん、周さん、本日は貴重なお話を頂きありがとうございました。それでは、本日の日本産業論をこれにて終わります。

世界の経営はどこに向かっているのか?

第5章では、日本企業と欧米企業の違いを経済学の観点から見てきました。スタンフォード大学の青木昌彦名誉教授は、企業をプロパティファーム（所有物としての企業）とエンティティファーム（利益共同体としての企業）と呼びました。また、講義中に出た岩井理論は2階層システムをベースとしており、会社の2階部分と1階部分のどちらに注目するかが、シェアホルダー（株主）重視とステークホルダー（利害関係者）重視という違いにもつながっています。

現在の滋賀県を中心とする近江地方を拠点に商いを行っていた近江商人は「三方よし」といって、「売り手よし、買い手よし、世間よし」とそれぞれの満足を目指していました。この発想のルーツには諸説あり、言葉自体は近江商人の商いを表すために後世に作られたものと言われます。これはステークホルダーを重視する思想と重なる面があり、戦後の日本的経営の企業理念に影響を与えていると言われています。

現在、国連は2030年までの達成目標として「持続可能な開発目標（SDGs）」を掲げており、企業も対応を求められています。日本企業は1990年代のバブル崩壊以降、より株主を重視する米国型経営や企業統治にシフトしていきましたが、本来SDGsの発想は日本企業の経営と親和性が高く、むしろこれをチャンスとして捉えるべきではないでしょうか。日本企業は社会インフラや関連サービスの提供ができますし、様々な技術についても強みがあります。

ブラジル人のサントスさんは、「日本人や日本企業は、何でも海外のやり方に合わせようとしすぎているような気もします。外国人受け入れに際する調整は必要ですが、それで日本社会の強みや文化的な価値が失われては元も子もないです」と、日本や日本企業の良さは守るべきと強く語りました。サントスさんは以前アメリカでも働いたことがあり、利益の追求が最優先で儲からないことはやらず、契約が全てという印象があったと言います。しかし、日本では利益がそれほど大きくなくても、取引先との信頼関係を継続するためにその仕事をすることがあるように見えるそうです。彼女は、「こうした考え方が欧米と比べて経済格差が少ないなど、安定した社会につながっているようにも見えます。どちらがいいとは言えないと思いますが、部分的に欧米のやり方を取り入れてもうまくいかないのではないでしょうか」と、より大きな視点から日本企業について考えるべきと話してくれました。

一方、米国企業は最近になって経営の方向を転換しようとしています。2019年8月20日付日本経済新聞によると、米主要企業の経営者団体、ビジネス・ラウンドテーブルは、従来の「株主第一主義」を見直す宣言をまとめました。公表した声明文は、株主利益を最も重視してきた米国型経営を改める内容です。顧客や従業員、取引先、地域社会といった利害関係者に広く配慮し、長期的に企業価値を高めるということです。この背景には、広がる所得格差や環境問題に対応せざるを得なくなってきたことがあります。

こうした動きに対しては、批判をかわすための政治的な宣言だと見る向きも多いようです。しかし、米資産運用最大手のブラックロックはESG（環境・社会・ガバナンス）を軸にした運用を強化する方針を表明しました。2019年8月20日付の日本経済新聞によると、ブラックロックのラリー・フィンクCEOは、投資先企業に送った年初の手紙の中で、ミレニアル世代の6割が「会社の主な目的を利益追求より社会貢献と考えている」と指摘しています。

問われる資本主義のあり方

より大きな意味で言うと、資本主義のあり方が問われているということです。2020年の世界経済フォーラム（WEF）の年次総会（ダボス会議）でも、資本主義の再定義が主題になりました。2020年1月22日付の日本経済新聞によると、資本主義を大きく、「株主資本主義」「ステークホルダー（利害関係者）資本主義」「国家資本主義」と区分し、格差の拡大や環境問題などの是正に向けて、経営者に従業員や社会、環境にも配慮した「ステークホルダー（利害関係者）資本主義」を求める声が高まっているのです。実際、WEFは環境や人的資本など4つの分野で、持続可能な企業の取り組みを測る指標作りを始めており、抽象論を超えて動き出す可能性が出てきています。

そして、2020年に入って世界的に新型コロナウイルス感染症（COVID-19）が拡大する中、こうした社会課題がより明らかになり、これまでの変革の流れが加速しています。コロナ禍は、既に存在していた様々な問題をあぶり出すのと同時に、解決を加速するアクセラレーターの働きもしています。

2020年6月4日付の日本経済新聞によると、ダボス会議の2021年のテーマは資本主義の「グレート・リセット」となり、弱者を支える世界の構築の必要性を訴えています。様々な国や世界でも分断が生まれていますが、これにどうつながりや協調の流れを作っていくかが喫緊の課題です。コロナ禍で、加速度的に進んできたグローバル化に歯止めがかかって、今後景気が悪化していく際に、経済のブロック経済化、政治の右傾化・ポピュリズムの台頭が進行し、利己主義的な世界になっていくという予想も多く出されています。

利他的な発想で持続可能な社会のあり方を考える

しかし、こうした状況だからこそ利己的な利益至上主義ではなく、利他的な発想で地球全体が持続可能な社会のあり方を考えることが必要です。日本企業も大きな転換点、イノベーションを求められますが、その際に今までと同じ発想ではなく、外国人社員も含めた発想により経営の進化を図るべきです。フランスのジャック・アタリは、著書『2030年ジャック・アタリの未来予測』(プレジデント社)で、人類が生き残るために自分と世界は相互依存していることを自覚することによって、利己主義から「利他主義」への本格的な転換が始まると述べています。

そうは言っても、「企業としては儲からなければ意味がないのでは」「意識の高い企業は別として、利益最大化というこれまでの行動原理を地球環境の改善や人間の幸せに合ったものに本当に変えられるのか」という風に思われる読者もいると思います。これは大きな課題で私たち一人ひとりに意識の変革が求められています。経営トップが常に言い続けなければならないでしょうし、今後のZ世代などソーシャルを求める世代が主要な消費者になることを考えると、実は変革することが将来的な利益を生むとも考えられます。

第6章

30万人の留学生を活かすために
―日本企業への処方箋―

みなさん、こんにちは。今日は第8回目の「日本産業論」の講義を始めたいと思います。今回が最後の講義になります。

ここまで日本企業と欧米企業の様々な観点からの違いや、外国人が異文化である日本で働く際の苦労やキャリアマインドなどを見てきました。それでは、日本企業はどのように対応すればよいのでしょうか？　本日は企業の方々にも来ていただいていますので、外国人の就職・受け入れと日本国内のグローバル化について要点をお話ししたいと思います。要点をまとめるにあたって、これまでの講義の内容、高度外国人材への取材や各種アンケート調査などを踏まえて、経済産業省が2020年にまとめた「外国人留学生の採用・活躍に向けたチェックリスト」や厚生労働省が2020年に発表した「海外ＩＴ人材採用・定着ハンドブック」などを参考にしています。前者については、留学生の受け入れに際して網羅的にポイントをまとめており、後者については、海外採用に際して私も研究会座長として取りまとめに関わりました。こうしたリストやハンドブックは政府の政策に関わるものなので基本的に人財や財政面でリソースが不足しがちな中小企業向けのものが大半です。しかし、そのポイントは大企業にも共通する点が多く、より詳細を知りたい方はこうした報告書も参考にして下さい。

それでは、外国人の就職・受け入れにあたって、入社前と入社後に分けて考えてみましょう。まず、入社前について4つのポイントにまとめてみました。

採用目的の明確化・採用方針の社内共有が必要

まず外国人社員の採用にあたっては、採用目的を明確にすることが必要です。そして、その目的に叶う業務をまず担当してもらうことです。例えば、海外営業や国際部門など日本での海外関連業務・特定の高度専門スキル（ＩＴ・ＡＩ・データサイエンスほか）などが考えられます。間違っても新人だからといきなり国内営業に配置して、顧客のところに行かせるような仕事を任せるのはお勧めできません。たとえＮ１を持っている外国人社員でも「このメールの表現で失礼にあたらないだろうか」「お客様のところに行って敬語を間違えてしまったらどうしよう」などと、ビジネス上の語学能力には不安を抱えているためです。

中国人のＥさんの友人は日本語が堪能な中国人でしたが、ある日本企業に入って1年経たないうちに退職したといいます。その理由は、「外国人を積極的に採用したいと言いつつ、受け入れ体制が整っていなかったからです。希望する国際関連業務に就けず、日本語で色々な業界分析の調査レポートを書く業務の担当になり、大変でした。また、日本語でメールやプレゼンテーションなどの顧客対応も求められて大変でした」ということです。コンサルティング会社などではこうした業務がすぐに求められるケースも多いですが、かなり語学能力や適性などを厳しく見られて入っているため何とか対応できているのだと思います。

次に、採用方針の社内共有についてです。経営層や人事部門までは外国人を全体の何割程度採用しようと合意できていても、それが営業など現場の部署や社員に納得できる理由を含めて共有されていないと、現場にはやらされ感が常につきまとうためです。「結局、対外的に1割外国人社員を入社させましたと言いたいだけなのでは」「とりあえず海外駐在経験がある上司がいるからうちの部署に押し付けているのでは」「配属されても何の業務を任せていいのかわからない」など、多くの戸惑いを現場の社員の方々からは聞きます。結局、人事部門は数値目標を達成するために採用したいが、現場は採用するにしても日本語が流暢な人材でないと受け入れたくないとなりがちです。こうしたことにならないように、全体で共有することが大事になります。具体的に、「ベトナム市場への進出を促進できる人材が海外事業部に必要」など、どの部署のどういう業務に外国人材が必要というところにまで落とし込まれて、各部門とも共有していくようなイメージです。

外国人材の採用方針や採用実績を積極的に公表・発信する

さらに、外国人の採用方針や採用実績を採用のウェブサイトなどで公表していくことが重要です。各国の留学生が集まるセミナーで講演した際に、ある中国人の大学院生が企業のウェブサイトを見ても外国人を採用しているのかどうかわからず、企業説明会に行くと採用していないと言われることが何社も続いたと話していました。また、前にも述べたように、「外国人積極採用」と採用サイトに記載されていても、説明会に行くとほとんど外国人がいない状況も見られます。こうした状況を回避するためにも採用方針をインターネット上でわかるようにしておくことは大事です。

求める業種によっては、公表や発信を英語でも行うことが必要になります。Mさんはバングラデシュ系アメリカ人で、日本の大手企業でデータエンジニアとして1年半働いています。アメリカのリベラルアーツカレッジで物理学と天文学を専攻し、同時に日本語学習や日本研究も行っていました。大学院進学前に国際的なキャリアの経験を積みたいと思い、アメリカから日本での就職先を探していました。Mさんは、「ウェブで検索して日本企業のウェブサイトを見たりしていましたが、日本語のサイトが大半だったことや外国人材の採用方針や実績についても記載がないことが多く、就職活動がなかなか進みませんでした」と苦労を話してくれました。最終的に、仲介会社を通じて現在の会社からインターンシップのチャンスを得て、その後正式に採用されましたが、ＩＴ分野などで海外からの直接採用を検討する場合は、簡潔な英語のウェブサイトを作成しておくことも必要でしょう。

採用時点での日本語能力にこだわりすぎず、「日英ミックス」の対応も

３つ目のポイントは、日本企業は求人・企業説明会・適性試験・面談などの採用選考において、日本語要件を緩和する必要があるということです。特に、書類作成・筆記試験の多言語化は大事です。例えば、私が教えていた日本語が堪能な中国出身の大学院生は、何種類ものウェブテストに対して準備し、エントリーシートを限られた文字数・時間で作成する作業が非常に大変だったと言います。日本での就職に関心があるが日本語がそれほど流暢でない国際（英語）コース（基本的に英語による授業で修了要件を満たせば、学位が取得できる学部・大学院のプログラムを指す）の留学生など潜在的に優秀な人材がいることを考えると、実際の業務に応じて日本語要件の緩和を具体的に検討すべきです。

また、漢字文化圏（中国・台湾・韓国）からの留学生は日本語能力が高い学生が多いといわれます。私が２０１８年に北陸４大学（福井大学、北陸先端科学技術大学院大学、金沢大学、富山大学）の協力を得て実施した「外国人留学生の北陸（日本）への就職意識と求められる就職支援活動―北陸４大学留学生への就職意識に関する調査結果の分析―」、『北陸企業の外国人材の採用・活用』（北陸ＡＪＥＣ・北陸経済連合会・ジェトロ）の留学生対象のアンケート調査結果（総対象者数は１５３２名、回答数は２３８名で、回答率は15・５％）における日本語

能力試験の資格取得の状況を見ても、N1（1級）とN2（2級）の上位資格取得者の比率は、漢字圏82％に対し、非漢字圏は18％と低くなっています。しかし、日本就職を希望する留学生中、約4割が非漢字圏の留学生であったことから、こうした非漢字圏の留学生への言語を含めた対応は喫緊の課題です。

企業によっては、以前お話ししたように、採用時にも日本語が話せない場合はESやSPI、面接を英語で行ったり、日本語と英語を交える「日英ミックス」の対応をとったりするケースもみられます。日本語が不十分だが優秀な人材を獲得するという点からも言語対応の柔軟化が求められます。

併せて、入社前（内定後）・入社後の日本語研修を実施して外国人社員の学びをサポートする必要があります。国際コースの留学生は9月入学で7月～9月卒業予定の学生が多いですが、1年次の内定後や入社前後に日本語を勉強することは可能です。日本企業の中には、日本語学習の費用を負担して内定を出した留学生を日本語学校に通わせている企業や、入社後に半年間～1年程度研修として日本語を学習する学校に通わせたり、講師を企業に招いたりして日本語指導を行うケースもあります。

留学生向けインターンシップの拡大を

最後のポイントは、留学生向けのインターンシップの実施・拡大です。リクルートキャリアの就職みらい研究所『就職白書2019』によると、2019年度のインターンシップを実施予定の企業における実施期間は、「1日」が最も高く81・6%で、2018年度よりも3・1ポイント増加しました。2017年度より経年で見ると、「1日」「2日」は増加傾向にあります。企業においてインターンシップは、近年日本人の大学生向けには3年生の夏休みや春休みを中心に実施されていますが、1日〜2日程度が中心で長くとも1週間程度に留まっています。留学生向けのインターンシップはまだ数が少なく、留学生向けの広報も十分ではないのが現状です。しかし、企業側にとっても双方のミスマッチを未然に防止する効果や、留学生の就業時の日本語・スキルレベルについて把握できるというメリットがあり、こうした短期インターンから始めて2週間以上の中長期のものも積極的に増やしていくと良いでしょう。特に中小・中堅企業の場合は全体の社員数が少ないこともあり、イノベーションやダイバーシティ浸透という観点からも、優秀な外国人社員が現場に入ることの波及効果は大きいと考えられます。

行政やジェトロ・国際協力機構（JICA）など、公的機関の制度を用いてインターンシップを始めるのも有効な手段です。欧米やアジア諸国では、学生のスキルを見定めるために採用とリンクした中長期インターンを実施する企業が多く、専門性や技能を持つ学生の場合は給与が支払われることもあります。

次に、入社後についてお話ししましょう。ポストコロナのニューノーマル（新常態）として、在宅勤務が議論され、既にこの働き方を常態化させる取り組みも一部企業では行われています。それに連動して、「ジョブ型」の議論にもなりますが、これについて正解はないと思います。ジョブ型、成果主義、通年採用など様々なキーワードが日々メディアにも出てきますが、日本社会全体の雇用に関わる問題でもありますので、総合的な議論が必要と感じます。日本では社員の解雇が難しい以上、アメリカ企業のように厳格なジョブ型を採用するのは難しいと思われますが、旧来のメンバーシップ型をそのまま継続するのも問題が多く、ある程度社員の業務の「役割」を明確化させていく必要はあります。

日立製作所が導入したような統一的なグローバル人事制度については、グローバル化やM&Aの進展度合いなど企業によって対応は分かれるでしょう。社内の使用言語については、日本語を基本としつつも英語をミックスさせていくような取り組みが必要になるでしょう。その場合は、トップの決断とコミットが求められます。

これを踏まえて3つのポイントをまとめてみました。

キャリアパスを踏まえた配属・異動の説明機会を

まず大事なことは、採用時に職種・部門・専攻などの希望を聞いて、相談の上で配属するということです。こうした対応ができない場合は、配属先の決定時にキャリアパスを想定した面談の機会を設けて、十分に説明するなどの対応が必要でしょう。よくあるのは、採用時には英語で仕事ができると聞いていたが、実際には日本語が話せないと業務ができなかった、海外業務を担当してもらうと聞いていたのに翻訳をずっとさせられている、など採用時の話と採用後の業務の現実が全く違ってしまい、退職してしまうというパターンです。地方転勤がある企業も多いですが、多くの場合、大都市圏で働いている外国人の場合は居住地の希望があるため、本人の承諾なしに住居の移転を伴う異動を行わないことも重要です。

また、入社後の異動についても、基本的には本人の希望や適性をベースに説明や相談の機会を十分に設けた上で判断すべきです。人事ローテーションなどで本人の希望ではない異動をする場合も、その意図やその業務によってどういうスキルや経験を積めるのか、キャリアが描けるのかといった育成計画を説明することが必要です。外国人社員の場合、自分の専門や希望する業務と関係なく、自動的にローテーションが行われるとその意図がわからなくなり、自分がやりたい仕事はこれではないとなって退職する可能性が高いからです。

ただ、本人の関心がなかったとしても会社として本人の成長のために必要と考えていたり、実はやってみると本人が気づいていない意外な能力が発揮できたりするような仕事はあるため、時間をかけて説明することが必要なのです。日立製作所やソニーで行われているようなFA制度や公募制度の拡充も有効でしょう。

外国人社員は、日本で働くことを終身雇用としてではなく、中長期的なキャリア構築の一環として捉える傾向にあります。将来の転職・起業などを想定して、自らの専門知識やスキルを向上させる機会として仕事を捉え、そのための労働環境が整備された職場を望んでいる場合が多いと言えます。こうした勤務期間やキャリア構築の考え方において、企業側とのギャップがみられます。

将来的なキャリアパスについては、海外で働くことを希望する社員の場合は日本人と同じような海外法人への赴任、日本本社においても管理職・役員などへの昇進の道を開くこともモチベーションの維持のためには必要です。また、もし何らかの理由で退社して帰国した場合も、優秀な人材であれば海外法人勤務やビジネスパートナーとして「関係維持」を考えるとよいでしょう。

また、メンタリングのような先輩社員からのサポートの機会も重要です。日本人が思うよりも外国人社員にとって、日本で働くのは様々なストレスがかかるため、自分より少し上の同僚に悩みを打ち明けたりできることが安心感につながります。オーストラリア人のエラさんは、「自分のポジションの少し上くらいの女性のメンターがいて、色々なことを相談できる環境が大事です。外国人として日本で働くと孤独を感じることが多いです」と社内のメンターの重要性を話します。また、「自分自身が外国人だからというのもあり、きちんと業績を出せているか悩む方なので、毎月ごと・四半期ごとの1on1ミーティングで頻繁にフィードバックがほしいです」と、時間を置かずにフィードバックをすることが大事と話しました。

評価や処遇の基準を明確にして丁寧なフィードバックを

次に、評価や処遇については、日本企業では必ずしも基準の詳細まで明文化されていないことがあり、客観的な説明やフィードバックを丁寧にすることが必要です。企業の人事部門の方とお話ししていても必ず話題になるのが、外国人社員が評価基準の説明やフィードバックと、日本人社員よりかなり早い成長スピード感を求めるというものです。

東京大学の大学院に留学した後、世界的に有名な大手メーカーで働く中国人のニコラス・リーさんは、14歳からアメリカに住んでいてアメリカで働こうと思っていましたが、アメリカが外国人移民に厳しい政策を取り始めて就労ビザ取得が難しくなったため、日本に永住を考えて来日したということです。働いて1年が過ぎ、総じて職場には満足しているということですが、今後のキャリアを考えると日本企業の昇進システムはより明確なガイドラインが必要と感じているようです。

「既に責任ある仕事を任されていますが、優秀であれば30歳以下でも課長になれるようにした方が良いと思います。なぜなら、既に業務内容は把握していて、将来はアジア地域の戦略を考えたいと思っているため、この先はもっと権限と責任がある仕事をして成長したいからです。このまま3年先も同じ業務をしていると飽きてしまいます。しかし、昇進の年齢制限については明記されているわけではなく、暗黙の了解になっているような気がします」と話します。リーさんは、ヨーロッパで働く友人は2年目で既に昇進して責任ある仕事を任されているなど、スピード感を国外で働く元同級生などと比べています。社内のデスクを並べて座っている同僚や先輩が基準とは限らないのです。

こうした話を見ていくと、今の20代〜30代の優秀な日本人社員のキャリア観とかなり近いのではと感じます。以前、人材育成関連の仕事をしていた30代女性のCさんは、「日本企業の人事は、『個々人の適性を見ていない』『(適性に関係なく)配置転換してしまうので長期的なキャリアを望めない』『評価基準が明確でない』という3点が日本の若手社員が辞める原因だと思っています」と話してくれました。

企業の人事の方に話を聞くと、「若手がすぐに辞めるので、どうすればいいか」という話が出ますが、外国人社員に対する人事やキャリアの対応を行っていくと、それは自然と若手社員のモチベーションアップやリテンションにもつながるのではと感じます。

成長を求めるトップパフォーマーには仕事の機会や裁量権の拡大を

3つ目に大事な点は、優秀な人材には挑戦的な仕事をする機会や裁量権の拡大を通じて成長を実感してもらうということです。日本型の年功序列的な人事制度においては、入社して数年以内の若手社員に対して早期の昇格はすぐには難しいかもしれません。しかし、外国人材はキャリア形成のスパンが日本人と比べて短く、優秀な人材ほど成長できる環境を求めるため、何らかの対応をする必要があります。

以前、外資系戦略コンサルティング会社のマッキンゼーで人材育成マネジャーを務めていた伊賀泰代氏は、著書『生産性』(ダイヤモンド社)の中で組織力向上に向けてトップパフォーマーの潜在能力を引き出すために必要な施策についてこう語ります。

「トップパフォーマーの育成に意識的な企業では、彼らの成長カーブが寝始める（成長がゆっくりになり始める）とすかさず昇格や異動を行い、フルポテンシャルを発揮せざるを得ない環境に動かします。（中略）年功序列型の人事制度の下では、年齢にかかわらず早期昇格をすることは難しいかもしれません。けれど、上司の了解の下、できる限り裁量権を拡大したり、海外や他社の絡むより難しいプロジェクトを任せたりするなど、特別なチャレンジの機会を与えることは可能なはずです」。

伊賀氏によると、トップパフォーマーとは、卓越したパフォーマンスを示すごく一部の社員のことで、特定のポジションに就いている人のことではありません。自分の関心がある仕事ができることや、成長している実感が得られることが、優秀な人材であればあるほど大事になるということです。そのため、FA制度などのように自らが希望する業務に応募できる制度や社内起業制度などによって、働くモチベーションを高めることも求められます。

つまり、必ずしも、給与の多寡にこだわるわけではないのです。もちろんインタビューした外国人社員の中には、同じ業界や職種でグローバルで見た時に給与を1・5倍もらっている同年代がいると、転職を考えることもあると言う人が何人もいました。しかし、ハイパフォーマーやトップパフォーマーにあたるであろう人材が辞めた理由を聞くと、単に給与だけではなく、成長スピード、より成長できる場、センスオブパーパス（使命感・目的意識）や社会的な意義を求めていたという声が多いのです。

組織開発でソフト面の改善を図る

「社員に生き生きと働いて活躍してもらう」というのはどんな企業でも重要なことですね。そのためには、何が必要でしょうか？　本社組織の国際化を進める際に、グローバル人事制度などのハード部分のみが議論されることが多いのですが、私はもっとソフトな部分を変革していく必要があると思います。これはアメリカで生まれた組織開発という観点からの考えです。組織開発の研究者である南山大学の中村和彦教授は、著書『入門組織開発』（光文社）の中で組織開発とは、「組織内の当事者が自らの組織を効果的にしていくことや、そのための支援」であるとしています。また、組織のハードな側面とは、形があるものや明文化されたもののことで、業務内容や給与や昇格の制度などを挙げています。一方、ソフトな側面は、人に関する様々な要素で、従業員の意識やモチベーション、コミュニケーションの仕方、組織の文化や風土などを挙げています。組織開発の先駆者で著名な研究者であるダグラス・マグレガーは、組織における人間的側面が重要なマネジメント課題であると主張しています。

人事制度をグローバルに統一するのはかなり大規模な組織や制度の変更が必要なため、全ての企業が行うのは難しいですし、そうする必要がない企業もあるでしょう。例えば、日立のように海外の売上比率が50％近く、海外企業とのM＆Aが進み、日本と海外横断型のプロジェクトが増えて、部下も複数国にいて評価査定もしないといけないとなると、統一を検討する必要はあるでしょう。しかし、最近まで大手電機メーカーに勤めていた40代社員は「グローバル人事制度を構築しても、結局形骸化するのではないでしょうか。毎四半期ごとに組織改革があって社員は疲弊しています。正直、制度を変革することにメリットを感じないんです」と懸念を示しています。制度の改革が必要な場面はあると思いますが、制度の改革のみで社員のモチベーションが向上することはないのではと感じています。

私がソフトな部分の改革が必要と考えるのは、私自身の経験とも関連しています。私は、新卒として日本で働く前に、大学院を含めアメリカ・中国に計4年留学していました。その間、アメリカ人や中国人以外にも世界各国の友人たちと過ごす時間が長く、多様性の中で学んだり、共同作業を行ったりすることの難しさや楽しさを実感していました。そのため、帰国して働き始めた時には、日本を様々な国と比較しながら鳥瞰的に見るような、半分外国人としての視点や考え方を持っていたと思います。当時、なぜ日本の組織はこういう仕組みになっているのか、社員にどういう説明やサポートがあればいいのかということをよく考えていました。ですから、現在みなさんを含め外国人の方々の話を聞いていて、当時の自分とかなり重なり共感する点があるのです。

本社のグローバル化・ダイバーシティで利益が上がるのか？

それでは、今お話ししたダイバーシティの話に移りたいと思います。ダイバーシティと経営を研究する早稲田大学の谷口真美教授は、ダイバーシティの種類は、以下のように表層的なものと深層的なものの2つに大別されると述べています。「表層的なダイバーシティは、文字通り外見から識別可能なものである。例えば、性別、人種・民族、年齢、身体的特徴などがこれに該当する。一方、深層的なダイバーシティは、外見からは判別しにくいものである。そこには、職歴、勤続年数、教育歴、スキルレベル、考え方、習慣、趣味、などといった、外見に表出しない内面的な特性が含まれる」（谷口《2009》p19から引用）。私も同じように考えますが、外国人社員の場合は、まずある程度人数を増やしていくことが必要だと感じています。その上で大事なことは、日本人と同じ性質や資質を求めるのではなく、ここでいう深層的ダイバーシティの要素である独自の価値観や考え方のような点を尊重するということです。これはひいては日本人社員にも当てはまることだと考えています。

また谷口教授は著書の『ダイバーシティ・マネジメント　多様性を活かす組織』（白桃書房）やアデコグループのインタビュー記事などの中で、ダイバーシティの段階を「抵抗、同化、多様性尊重、分離、統合」の5つのステップに分けて説明しています。「抵抗」とは、多様性に対して何のアクションも起こさない姿勢、「同化」は外形的には多様化を受け容れながらも、現行システムは変えない姿勢、「多様性尊重」は違いの存在を認めるものの、ビジネスにとっての価値を明確にしていない状態と述べています。谷口教授は、その先のマイノリティーを活用するためにマジョリティと分離する「分離」、多様性を全社的に活かすための「統合」まで至ることが重要と述べていますが、ダイバーシティに取り組む日本企業の多くは多様性尊重の段階にあるとしています。

日本で外国人社員を活用するという話を企業の方にすると、大きく2つの反応に分かれます。1つは、ダイバーシティを高めることで利益が上がるのでしょうかという点です。本社の組織風土や人材マネジメントを変えるコストを考えると、日本語で深く意思疎通が図れる方が効率的なのではということです。これまで本社の外国人採用に取り組んだ企業も多いと思います。

しかし、「ダイバーシティは総論賛成だが、各論反対」「何年か外国人の採用を増やしてみたけれど、結局数年経つと辞めてしまっている」「外国人受け入れ態勢を整備したり、社内言語を変えたりするのにコストがかかる」「受け入れた結果、今より生産性が落ちて稼げなくなるのでは」「本当に外国人を受け入れることでイノベーションが起こって儲かるのか」などの疑問がある企業の人も多いでしょう。こうしたダイバーシティが直接的に利益に結び付くかどうかは議論の余地があるところですが、世界的な戦略系コンサルティング会社マッキンゼーの多様性に関する調査『Delivering through Diversity』(2018)によると、経営幹部に民族文化的多様性が高い企業(上位25%)は、そうでない企業(下位25%)に比べて、業種平均収益を上回る可能性が33%高いと結論付けています。

2つ目は、経営陣や人事部門以外の営業・マーケティング、製造、管理部門など、現場にとってのメリットが見えないという点です。実際、トップや人事部門の方針ということで渋々採用しているというケースも多いのではないでしょうか。例えば、前述の日立製作所のケースでは、「会社全体の海外売上は半分に達していて、将来的に日本市場が伸びることは想定できないので、海外売上比率を上げなければならない。そのためには、日本人・男性・正社員という今までの属性だけではだめで、外国人・女性・シニア・正社員以外の契約社員やフリーランスといった様々な背景の人材を活用する必要がある」ということが経営トップおよび人事トップから示され、グローバルで統一した人事制度が構築され、外国人社員を国内で新卒の1割採用するということが目標とされるようになりました。しかし、これは会社存亡の危機という強烈な危機感があってこそのもので、多くの企業では何となく会社の方針で決まったから採用しているというケースが多い印象を受けます。

もちろん、全ての企業が日本で外国人を活用すべきということではありません。その企業のグローバル展開度合いや海外売上比率の現状、今後の戦略にもよるからです。しかし、組織や従業員の観点からは、価値観の「多様性」は担保した方がいいと考えます。なぜなら、新しい発想やイノベーションの源泉はここにあるからです。

ここで興味深い研究についてお話しします。オックスフォード・ブルックス大学のバセット・ジョーンズ上級講師は、ダイバーシティのパラドックス（逆説）という考え方を述べています（Bassett-Jones N.〈2005〉"The paradox of diversity management, creativity and innovation." Creativity and innovation management)。それは、「多様性を受け入れるなら、職場での対立、不信感、緊張などのリスクがあるが、もし多様性を避けたとしてもイノベーション、創造性、生産性など組織の潜在力を失うリスクがある」というものです。南カリフォルニア大学のモー・バラク教授は、「多様性のパラドックスを解決するカギは、インクルーシブリーダーシップにある。組織がインクルーシブになれば、グループ間の対立、緊張、不信感などをすべて最小化でき、さらには回避できる可能性がある」と、言います（Mor Barak, Michàlle E.〈2017〉Managing Diversity Toward a Globally Inclusive Workplace Fourth Edition, pp.225.）。

最近はダイバーシティに加えてインクルージョンが掲げられるようになり、「ダイバーシティ（多様性）&インクルージョン（包括）」と言われます。インクルージョンは受け入れるという意味合いで用いられ、文字通り多様性を受け入れて活かし合うということです。

これまで日本企業は、組織内で「同化」の圧力が強く、それが外国人社員の「日本人社員化」のような現象を生んでいます。今後は、ダイバーシティを取り入れさらにインクルージョンを意識していくことで、外国人社員も自身の個性を維持しながら、かつ組織の一員として「受け入れられている」という感覚を持つことができるようにしていく必要があります。そして、これは外国人社員や女性などに限らず、全ての社員について言えることだと思います。それぞれの「才能」が生かされる組織であることが大事なのです。

外国人社員のダイバーシティを活かしてイノベーションを起こすために

日本企業で国籍のダイバーシティを活かしてイノベーションを起こす際に重要な点は3つあります。1つは、少数派（マイノリティー）への配慮という点です。アメリカ人のケンさんは、日本で働いた経験から、もっと自然にグローバルな観点のダイバーシティがあることが大事だと言います。確かにアメリカの大都市では、オフィスでアメリカ人以外に中国人、インド人、イタリア人など様々な国籍の社員が働いています。同じようなオフィス環境は国の成り立ちが違う日本では難しいのではと思いますが、単に色々な国籍の人がいるということだけではなく、少数派への配慮の感覚が大事ということなのです。

ここで少しケンさんの話を紹介します。

彼は、「日本では、『女性が輝く社会』というスローガンが掲げられたりしますが、同僚の日本人女性は『私輝いてないってこと!?』とすごく怒っていました」と笑いながら話しました。私が日本では「外国人が活躍できる社会」とも言われていると言うと、「それも外国人が活躍していないという前提で作られていますね。こうした少数派の人たちへの配慮はとても必要だと思います」とのこと。彼は、今はアメリカで働いていますが、日本を離れた理由として1つ大きかったのは、「日本社会で自分がどうなれるのか思い描けなかったことです。日本社会の一部に自分がなれるのか、そもそもそうなってほしいのか、全然わかりませんでした。だから、女性も外国人もロールモデルが必要だと思います」と話してくれました。これはダイバーシティを考える際にとても重い言葉だと感じています。

2つ目は、「日本人社員化」を求めないことです。つまり、必要以上に日本人への同化を求めないスタンスです。本書では、多様性があることによって、外国人の感性や視点を活かしてイノベーションが起こったり、海外展開の新たな発想が得られたりすることをお話ししてきました。しかし、現状では日本語が非常に流暢であることなど、日本人同様の資質を求めた採用が行われているように見えてなりません。

その結果、中国・台湾・韓国のような漢字圏出身の外国人が採用の中心になっています。様々な個性を持つ人材を集めた結果そうなのであれば良いのですが、採用の動機が「日本人社員化」できる人材ということが意識的・無意識的に入っていると、いくら外国人を採用しても多様性によるイノベーションの効果はそれほど望めないのではないでしょうか。

ベトナム人のファンさんは、「1年日本に留学していた時に、日本人を理解するために日本人になろうとして、日本人っぽくなったことがありました」と悩んだ時期があったと言います。「でも、ある時別に日本人にならなくていいと思って楽になりました。日本人のいいところと自分やベトナム人のいいところを一緒にすればいいのではと思ったのです」と、自分の個性も尊重することに気づいたと言います。

スタートアップ企業に勤務する中国人の李さんは、「一人ひとりの人の考え方や価値観が違うことを理解したり、違ってもいいと考えたりするような感覚が大事です。私の職場では8割くらいの社員に海外経験がありフラットな組織のため、外国人社員は私1人ですが働きやすいです」と話します。

打ち合わせをする時にも、例えばアメリカや中国ではどう意思決定するかも共有することで、「日本企業だからこういうやり方だと押し付けるのではなく、新しいイノベーションを生むために何が必要かという視点で話し合えるのが心地よいです。以前いた会社では、外国人だからやっぱりわからないよねと言われたこともあり、それはとてもショックでした」と話してくれました。

田村、石井、オスティン（2018）は、留学生や外国籍社員に対して行ったアンケート調査の報告書の中でこう述べています。

「勤続年数が長い方、日本で長く就業している方は日本人とのつながりが強い傾向がある。具体的には、日本人が大半を占める会社で長年勤務する理由で、『異文化への理解や受容があって働きやすいから』『周囲の社員がみんな優しいから』など、外国人材として受け入れられ、日本人の中に溶け込むことができているケースが多い。外国人材特有のケアは必要かもしれないが、だからといって特別扱いをして日本人と分けることはなく、かつ無理に日本人化させることもない状況が、外国人材にとって日本人と一緒に仕事がしやすい環境につながるのではないだろうか」。

3つ目は、組織システム全体を多様化していくことです。ここ数年は新卒で外国人採用が増えていて、経営者や幹部レベルが外国人の企業もあります。しかし、それに限らず、中途採用なども活用してマネジャー（管理職）レベル、中堅スタッフレベルの外国人社員も増やしていくということが大事です。今後は、新卒採用で増えている中国人やベトナム人社員を筆頭に海外の社員をマネジメントする際に、日本企業の状況を理解した外国人の管理職や中堅スタッフの力を借りることも重要度を増すでしょう。さらに、どのポジションでも外国人社員が働くようになると意思決定の段階で彼らが参画できるようになり、様々な階層でロールモデルが生まれ、組織が真に多様になることにつながります。

日本人社員と外国人社員が相互学習して成長する

本日は日本企業の方々もいらしていただいていますが、そうは言っても実際、みなさんの部署に外国人社員が配属されたとしたらどうでしょうか？　どうコミュニケーションしていけばいいのでしょうか。日本企業の場合、多くはハード面の人事制度などを整備しますが、ソフト面のコミュニケーションは今まで通り「あうんの呼吸」でやろうとするので、外国人にとってはわからなくなってしまいます。雰囲気や文脈ではなく、言語化してコミュニケーションをこなしていくことは面倒に感じるかもしれませんが、お互いに議論を続けていくと、なるほどそう考えていたんだということがわかったりします。

例えば、アメリカの大手外資系金融機関で働いていた日本人女性のGさんは営業職でしたが、IT系のインド人社員と社内システムの構築を担当することになって大変だったと言います。なぜなら、Gさんはシステムの知識がほとんどなかったため英語でシステムの議論をすることが難しい一方、インド人社員の方はシステムには詳しいけれど日本語があまり話せなかったためです。

それでも、最終的にプロジェクトが上手くいったのは、「彼が日本語や日本の企業カルチャーなどを学ぼうという努力がすごくて、私もなんとか意思を通じさせたいという思いが強かったので、お互いの拙い日本語と英語を駆使して伝えました」と、お互いが絶対に伝えたいという思いで言葉にしてコミュニケーションを重ねたからだと言います。Gさんの日本語がわからないと彼はメモを出して日本語を書いてもらい、これはどういう時に使うのと熱心に聞いてきたといいます。

この話には後日談があって、その後お互いがその会社を辞めて10年以上経ってたまたまSNSでつながって、聞いてみると彼はインドで有名なIT企業でマネジャーとして300人の部下を率い、日本企業向けの仕事もしながら働いていたそうです。やはり相手の言葉や立場の違いを理解しようとする思いがあった人だからこそ、ここまでのポジションになったのだろうなと感心したそうです。大変なことかもしれませんが、リモートワークが新常態となることで、より求められる能力です。異文化マネジメントを研究する東京経済大学の小山健太准教授は、こうした経験を通じて日本人社員と外国人社員が「相互学習」「相互支援」というプロセスを踏むことで、お互いに成長し、イノベーションの創出につながると述べています（小山《2018》）。

エンパシー（共感）の力がこれから重要に

多様な人々がいる環境で学び働く際に、これから大事な資質は何でしょうか？　それは「エンパシー（共感）」です。あまり聞き慣れない言葉ですね。オックスフォード現代英英辞典によると、エンパシーとは、「他人の感情や経験などを理解する能力（the ability to understand another person's feelings, experience, etc.）」とされています。

多様性が増して世界が大きく分断されていく中、自分と違う人の立場に立ってその人の気持ちを理解できる力は、これまで以上に大切になります。この言葉は最近でこそグローバルなリーダーシップ、社会起業などを考える場などでよく聞かれるようになりましたが、私が最初に聞いたのは10年前に香港で参加したグローバルリーダーシップ研修の場でした。そして、多様な人たちが協働するには必要な考え方だと日を追うごとに思うようになり、大学の授業や多文化間の研修・ワークショップなどのコミュニケーションで実践するようにしています。コロナ禍を生きていく私たちも、他人にウイルスを「うつさない」ために何をすればいいか、他人の立場に立って日々考えるようになったのではないでしょうか。軽井沢にある日本で初めての全寮制国際高校のユナイテッド・ワールド・カレッジISAKジャパンの教育では、世界中から多様な高校生が「Leading with Others」という授業の中で、デザイン思考について学んでおり、エンパシーはこの中で重要な役割を担っています。

この講義を通して話してきたように、日本人と外国人が共に働いていくためには、この「エンパシー」が大事だと考えています。日本企業が日本人同様の外国人社員を求めてしまうと、逆に組織のダイバーシティの強みを失う結果になります。一方、みなさんのような留学生そして外国人社員は、日本企業の企業文化や考え方を理解する必要があり、そのためには入社前後にある程度日本語を学ぶ姿勢も必要でしょう。それは自分自身への「投資」にもなります。言語を習得すれば企業内でより担当できる仕事が広がり、もし退職や帰国をしたとしても日系企業で働いたり、日本企業や日本人と取引したりする機会が広がります。

ポストコロナの時代は、こうした違う価値観や背景の人たちを理解しようとする「エンパシー」が大切になります。日本語がそれほど話せない外国人社員には簡潔な表現でコミュニケーションを取り、英語があまり話せない日本人社員にはゆっくりわかりやすい英語で話すようなコミュニケーションが必要です。そして、相手が理解できない時にはその人たちがどんな場所でどう育ったのかに思いを巡らせて、その人の背景を考えることです。

それでは、今日の講義はこれで終わりたいと思います。とても楽しいクラスでしたし、私もこのダイバーシティの環境の中で、様々な国から来ているミレニアル・Z世代のみなさんの意見や考え方から学ぶことが多々ありました。ありがとうございました。

おわりに

この本は、外国人留学生向けの講義をベースに、ミレニアル・Z世代の留学生や高度外国人材、日本企業、高等教育それぞれの視点を踏まえながら執筆したものです。これまでの私自身の研究の中でも、高度外国人材の就職・活用の改善には、日本企業、留学生、大学、行政機関など様々なステークホルダーがお互いに歩み寄り変わっていくことが必要と述べてきました。また、実際に変革のための関係者に対する働きかけを、授業における留学生への教育および日本企業や省庁との対話、企業への提言、厚生労働省など中央省庁の政策に関わる提言、東京大学における産官学シンポジウムなどステークホルダーが、課題や今後の方向性を共有できる場作り、北陸や九州など地方での産官学連携の調査や成果普及など様々な形で行ってきました。

少しずつ高度外国人材採用・受け入れのための動きが広がってきたと感じていた最中に、新型コロナウイルス（COVID-19）が発生し、感染が拡大していきました。そして留学生の受け入れや海外からの人材受け入れは、いったんストップせざるを得ない状況になりました。しかし世界が大きく変わろうとしている今だからこそ、この高度外国人材の受け入れ・活用、ひいてはダイバーシティ&インクルージョンをベースに個人の才能を活かせる組織や社会のあり方についてより多くの方々に考えてほしいのです。

私自身も20代前半の大学生の頃からアメリカや中国など海外に長期間滞在して、自分自身がマイノリティー（少数派）として学び生活してきた経験があります。また、日本の組織で働いていた際には、米中という海外で過ごした日本人として客観的な視点で物事を見たり考えたりしてきました。仕事でも海外に行くことが多く、アジアを中心に様々な海外の方々と一緒に仕事をしてきました。その中で、自然と色々な立場から複眼的に物事を見るようになり、特に少数派の視点を忘れないようにしてきました。ですから、今回は日本で学んだり、働いたりしている外国人の声を基に、日本企業や日本社会がこれからどう変化していけばいいのか、また多くの日本人が気づいていない可能性などについて伝えたいと思いました。

国際コースの「英語人材」が日本で就職する難しさ

2012年に執筆した拙著『アジアで働く』（英治出版）という書籍の中で、「日本本社が『アジア化』する」という話を書きましたが、実際にそういう方向に向かっていると感じています。当時、アジア人を中心に日本で働く外国人が増えるとは思っていましたが、それでも日本のトップ層の大学に来る外国人はその後欧米や母国で働きたい人がまだ多いだろうと思っていました。

しかし、東京大学公共政策大学院で留学生の講義を担当して、留学生たちの生の声を聞いてその考え方が大きく変わりました。私は国際プログラムコース（英語による授業のみで修了要件を満たすことが求められるコース）の留学生を主に担当しています。当然、英語で授業の必要単位を取れば卒業できるため、日本語がそれほど話せない留学生もおり（日本語が堪能な留学生もいます）、一般の留学生と比べても日本での就職は考えないだろうと思っていました。

実際話を聞いてみると、毎年3～4割程度の留学生が日本で就職したいということや、中には「日本企業はグローバル企業なので英語で仕事ができると思っていた」など、現実を理解しないで就職を希望する学生もいることなどがわかってきたのです。

さらに、東京大学をはじめとする関東圏の大学、大学院だけでなく、地方の大学でも国際コースに通っていても日本で働きたい人が多いことも、研究を通じてわかってきました。この問題を研究すればするほど、日本の大きな社会課題につながっているのではと感じるようになりました。

なぜなら、本質的にはこれは内なるグローバル化やダイバーシティ&インクルージョンなど、今後の日本企業の組織運営にとって重要なテーマに関連しているからです。日本企業はこれまで「日本人・男性・正社員」が中心でしたが、今後は働き手を多様化して「外国人」「女性」「シニア」、もしかすると「ＡＩ」とも共にイノベーションを起こしていく必要があるでしょう。

ただ、留学生や海外人材の採用・受け入れの問題の中でも、英語を主に話す人材は最も就職の難度が高く、またこうした問題が存在していること自体があまり認識されていない状況でした。なぜなら、日本各地の大学で留学生と企業の交流の場でお話ししたり、関係者の方々とのシンポジウムなどを企画したりする中で、ほとんどの方が日本語をかなり話せる外国人を想定して企画が進んでいくため、「日本語で」案内をして、大学や企業のプレゼンターも「日本語で」話し質疑応答するということが、無意識のうちに前提となってしまうからです。

そこで、本授業の延長として、２０１９年7月には、社会への問題提起・課題解決のためのアクションとして、留学生の日本就職の現状と展望を議論する「産官学シンポジウム」を東京大学公共政策大学院にて開催しました。これは、基本的に英語で行い、一部通訳をつけて開催しました。

そして、他の大学でも同じような課題を抱えているのではないかと思い、同様に２０２０年2月に全国の6大学間で課題を共有・検討する「外国人留学生の日本就職について」の課題共有会を開催し、各大学から「国際コース」の留学生について同様の課題があるという意見が多く出ました。本書では、主に企業や留学生が抱える課題と対応についてお話ししてきましたが、実際は大学や自治体などが抱える課題も色々とあります。紙面の都合上、今回はあまり触れることができませんでしたが、参考文献に記した私の論文などにまとめていますので、関心のある読者の方は読んでいただければ幸いです。

ポストコロナに向けて外国人材採用の継続を

世界の若者への取材を進めていくうちに、ポストコロナの国際社会や資本主義社会がどうなっていくのかについて考えさせられることが多くありました。衝撃的だったのは、「アメリカの若者の考え方はもう資本主義ではなく、社会主義に近いと思います」というアメリカ人の言葉でした。今回のコロナ危機で以前から拡大していた経済格差、世代や職種による格差が浮き彫りになったことが背景にあります。

また、コロナ禍で多くの人が自分や社会の価値観を問い直す時期に来ています。ミレニアル・Z世代の若者は成長欲求が強い人が多いのですが、その中で「給与・社会的地位」、「ソーシャル（社会貢献）」、「自分の好きな仕事や働き方の自由度」のバランスをどう取るかで揺れ動いているように感じます。「何がやりたいかわからない」という人もいれば、「本当は社会をよくする使命感ある仕事をしたいけれど、稼げないのは困る」などの迷いを持っている人もいます。ミレニアル・Z世代の声を以下に紹介します。

「アメリカでは、価値観を見失う人が増えて、生きる意味を探し始めている人が増えています。アメリカは、ITや金融、コンサルティングなど一部の業界で働いている人、全体の数%だけが勝者の社会です。こうした格差は同じ会社にいてもあります。例えば、企業の幹部と倉庫で働く人の給与がどれくらい違うか考えてみてください。こういうことがコロナ禍によって浮き彫りになってきたと感じています。私自身、こういう業界で働いていますが、どうして自分がこんなに高額の給与をもらっているかわからなくなります」（30代アメリカ人・投資関連企業勤務）

「今の仕事には使命感を感じられません。企業は世界を変える人を求めているというのが採用の常套文句ですが、実際は経済格差を広げていると感じます。株主のために株価を上げることが優先され、経営改革の名のもとにどの工場を閉鎖して誰を解雇するかを考え、コストを削減します。その結果、豊かな人々はもっと豊かになるのです」（20代アメリカ人・コンサルティング会社勤務）

このように、コロナ禍で世界は国家間でも、国内の世代間や人種間でも大きく分断され、世界情勢の変化は加速しています。こうした経済格差や教育格差の拡大、階層の固定化について、今立ち止まって解決策を考えなければなりません。地球規模の観点から見て、現状のシステムの何が問題で何を変えなければならないのか考える必要があります。歴史的に見ると、こうした経済格差の拡大や景気の悪化が外国人排斥につながるようなこともありましたが、それは避けなければなりません。そのためには、若い世代や人種的なマイノリティーなどの意見を理解し、経済的・社会的弱者にも優しいシステムを考えなければなりません。

外国人の優秀な人材が日本に来なくなる可能性も

日本では欧米ほどの分断が起こっているようには見えませんが、コロナ禍で外国人留学生や海外から直接採用される人材が日本での就職に苦しんでいます。大手人材紹介会社のマイナビが2020年5月下旬に実施した『新型コロナウイルスの外国人留学生の就職活動への影響に関するアンケート調査』によると、外国人留学生の内々定率は2・2％という結果になりました。同時期に日本人の大学生・大学院生に実施した調査によると、5月末時点での内々定率は48・0％で大きな差が出ています。

外国人留学生はこの時期まだ就職活動を開始していなかったり、就職活動の序盤だったりする学生が多いことが影響していますが、それでも例年に比べて低い状況です。日本の就職活動で不安に思っていることという問い（複数回答可）に対しては、新型コロナウイルスの影響による「採用縮小」への不安が66・5％と最も多い結果となっています。

しかし、こうしたコロナ禍だからこそ今いる外国人材を採用し続けていかないと、今後外国人の優秀な人材が日本に来なくなる可能性があります。留学生はコロナ禍でアルバイトが減って生活が苦しくなっており、かつ留学しても日本での就職につながらないとなると、留学生や日本で働きたい外国人が減り、日本企業のグローバル展開やイノベーションに大きな影響を与えることになります。

せっかく2019年に留学生30万人計画の目標を達成し、日本で働きたい外国人が増えているところなのに、ここで「日本企業が外国人を採用しない」というイメージを国際的に与えてしまうと、その状況は一変するでしょう。

本書を通じて、外国人留学生を日本企業で活かそうとする取り組みについてお話ししてきましたが、それは同時に日本企業自体のあり方が問われていることを意味しています。グローバル化を進めてイノベーションを起こすために、これまでのように組織を構成する人員も働き方も単一のカルチャーだったところから、より多様な構成員で成果を出す組織にして、リモートワークや副業などを含めて、それぞれの構成員が高い意欲で働きやすい職場にしていくことが求められています。ウィズコロナ、ポストコロナの時代に日本企業がどうあるべきか、外国人留学生の目を通してぜひ考えていただきたいと思います。

最後に、本書を執筆するきっかけともなりました東京大学公共政策大学院の「日本産業論」を立ち上げられた角和昌浩客員教授に感謝いたします。この講座に関わらせていただいたことで、留学生と企業の相互理解や対話の必要性を肌で感じることができました。多忙な中、講義に協力いただいた省庁、企業、教職員の方々には心よりお礼申し上げます。また、同大学院の前院長を務められていた高原明生教授には、留学生の日本での就職に関するシンポジウムなどに多大なるご支援をいただいたことに感謝しております。

同大学院の西沢利郎教授には幾度も相談に乗っていただき、貴重な助言をいただく度、日本の内なるグローバル化の必要性や求められる教育に関して多くの学びがあり、歩みを止めずに前に進む決意を新たにすることができました。心から感謝申し上げます。

早稲田大学の白木三秀教授には、国際的な人的資源管理分野での第一人者としての専門的見地からこれまでも様々なご縁やご助言をいただいたことに、感謝申し上げます。東京経済大学の小山健太准教授には組織開発の視点から様々な気づきを与えていただきました。

亜細亜大学の「アジア夢カレッジ（AUCP）」でお世話になっている大島正克学長、栗原孝教授、西澤正樹教授、三橋秀彦教授をはじめとして熱心に学生の教育やプログラム運営にご協力いただいている先生方および事務職員の方々にも、改めて感謝申し上げます。また、受け入れ先の大連外国語大学の劉宏学長、李凡国際交流処与合作処処長、漢学院の陳子驕院長をはじめとする先生方や職員の方々、また日中共同研究でアンケート調査にご協力いただいた日本語学院の于飛院長、ソフトウェア学院の朴慧淑講師はじめとする先生方にも御礼申し上げます。

福井県立大学名誉教授の丸屋豊二郎先生には、外国人留学生の地方での就職・受け入れの現地調査を始める貴重な機会を与えていただき感謝いたします。

本書の取材に当たり、私の講義の受講生を含め、多くの外国人留学生・在日外国人の方々・大学・企業関係者の方々にお世話になりました。みなさんの意見は一つひとつとても貴重で、日本企業や日本社会について色々と考えるきっかけとなりました。

株式会社ソーシャライズの中村拓海代表取締役社長には、ご多忙の中、留学生への取材にご協力をいただき、ありがとうございました。

仕事のパートナーの荻原さんには、スケジュールなどのマネジメントが苦手で思考が拡散しがちな私を根気強くサポートしてくれたことに心から感謝します。

そして、育児が大変な中、読者の目線で原稿を読んで温かく執筆を見守ってくれた妻の美寿穂、2020年春に新しく我が家の一員となった賢杜に深く感謝します。
最後に日経BP・経営メディア局の山崎良兵クロスメディア編集部長には、多忙な管理職としての業務にありながら、企画段階から出版までの間、大変お世話になりました。突然のコロナ禍で取材がストップし筆が進まなくなってしまった私に、貴重な視点や丁寧な助言を与えていただきました。心から感謝申し上げます。

2020年9月

九門大士

本書に登場する方の肩書は、すべて取材当時のものです。事情によりイニシャルや仮名で掲載させて頂いたケースもあります。東京大学公共政策大学院の外国人留学生など東京大学の留学生に加えて、その他の大学・大学院の留学生、日本で勤務中（または以前勤務経験がある）の外国人社員にも取材を行いました。

参考文献

はじめに

・日本学生支援機構(2019)『2019(令和元)年度外国人留学生在籍状況調査結果』
・東京都(2020)『外国人人口統計』
・法務省(2019)『法務省在留外国人統計(2019年6月末)』
・総務省(2019)『総務省人口推計(2019年10月1日現在)』
・厚生労働省(2019)『「外国人雇用状況」の届出状況まとめ(2019年10月末現在)』
・「「熱意ある社員」6%のみ　日本132位、米ギャラップ調査」,『日本経済新聞電子版』, 2017年5月26日.
・ジェトロニューヨーク(2018)『ニューヨークだより(2018 年 10 月)』
・Hall, ET(1976) *Beyond Culture,* Garden City, New York: Doubleday Anchor Books.
・Young, M.(1958)伊藤慎一訳(1965)『メリトクラシーの法則』, 至誠堂.
・ウィリアム デレズウィッツ著, 米山裕子訳(2016)『優秀なる羊たち　米国エリート教育の失敗に学ぶ』, 三省堂.

1章

・東京大学公共政策大学院ウェブサイト
・西沢利郎(2020)「グローバル化のもとでの大学間の国際連携・競争−東京大学公共政策大学院の取り組み−」『高等教育におけるグローバル人材の国際比較と21世紀型コンピテンシー アジア研究シリーズ105』, 亜細亜大学アジア研究所.
・濱口 桂一郎(2013)『若者と労働「入社」の仕組みから解きほぐす』, 中央公論新社.
・八代充史(2009)『人的資源管理論【理論と制度】』, 中央経済社.
・厚生労働省(2012)『平成24年版　労働経済の分析　-分厚い中間層の復活に向けた課題-』.
・ジェームズ・C.アベグレン(1958)『日本の経営』, ダイヤモンド社.
・福島創太(2017)『ゆとり世代はなぜ転職をくり返すのか?—キャリア思考と自己責任の罠』,筑摩書房
・ディスコ キャリタスリサーチ(2019)「若手社員のキャリア満足度調査(2019年3月)」.
・小熊英二(2019)『日本社会のしくみ 雇用・教育・福祉の歴史社会学』, 講談社現代新書.
・平成26年度経済産業省委託調査(2015)『平成26年度産業経済研究委託事業(外国人留学生の就職及び定着状況に関する調査)報告書』, 受託事業者:新日本有限責任監査法人.
・THEウェブサイト
・日本学生支援機構(2019)『平成 30 年度 外国人留学生在籍状況調査結果』
・日本学生支援機構(2019)「平成29年度私費外国人留学生生活実態調査概要」
・日本学生支援機構(2019)「平成29年度外国人留学生進路状況・学位授与状況調査結果」
・九門大士(2019)「中国の大学におけるキャリア教育に関する大学生の意識調査-大連外国語大学との日中共同研究結果より-」『アジア研究所所報』第174号, 亜細亜大学アジア研究所.

2章

・経済産業省(2019)「高度外国人材の採用・定着・活躍推進に向けて」, 2019年2月発表資料
・日本貿易振興機構 (2019)「2018年度日本企業の海外事業展開に関するアンケート調査」
・日本経済団体連合会(2014)「新卒採用(2014年4月入社対象)に関するアンケート調査結果」
・田村一也、石井 大智、ツェン シュージェー オスティン(2018)『外国人の日本での就業意識に関する調査2018 年実施』経済産業研究所.
・高考頻道ウェブサイト
・中島恵(2016)『中国人エリートは日本をめざす　なぜ東大は中国人だらけなのか?』, 中央公論新社.
・中華人民共和国国家統計局 編『中国統計年鑑2019年版』, 中国統計出版社.
・独立行政法人 科学技術振興機構「中国国家重点大学一覧」
・蒋純青(2013)「中国の大卒者就職制度の変遷」『専修大学社会科学研究所月報』599、1~23ページ、専修大学社会科学研究所.
・厚生労働省『「外国人雇用状況」の届出状況まとめ(2019年10月末現在)』

3章

- 富田すみれ子「メルカリ社員が実践する「やさしい」コミュニケーションって?」『BuzzFeed News』, 2019年12月25日公開記事
- 「やさしい日本語」科研ウェブサイト
- 「外国人にも日本人にもわかりやすいニュース【やさしい日本語】」, 2020年1月25日付withnews ウェブサイト.
- 「英語、あえて公用語にしない　メルカリの社員講座で見たヒント」, 2020年1月18日付withnews ウェブサイト.

4章

リード・ホフマン、ベン・カスノーカ、クリス・イェ(2015)『ALLIANCE アライアンス--人と企業が信頼で結ばれる新しい雇用』、倉田幸信訳、篠田真貴子監訳、ダイヤモンド社.

- 張任(2016)「中国の大学におけるキャリア教育の展開に関する考察」、東アジア博甲第99号、山口大学。
- Datar, S., Garvin, D., and Cullen, P. (2010), *Rethinking the MBA: Business Education at a Crossroads*, Harvard Business Press.
- 九門大士(2018)「AI時代のキャリア教育における"Being"の重要性~日中大学生キャリア開発研修(2014年~2016年)の事例より~」『早稲田大学トランスナショナルHRM研究所会報』第9号　29~32ページ.
- Frey, C. and Osborne, M. (2013), "The Future of Employment: How Susceptible are Jobs to Computerisation?", pp.1-72., The Oxford Martin Programme on the Impacts of Future Technology.
- 九門大士(2020)「中国人大学生のキャリア意識と中国の大学に求められるキャリア教育-大連外国語大学との日中共同アンケート調査の分析-」, 『亜細亜大学アジア研究所紀要第46号』, 亜細亜大学アジア研究所, pp.53-77.
- 九門大士(2019)「中国の大学におけるキャリア教育に関する大学生の意識調査-大連外国語大学との日中共同研究結果より-」『アジア研究所所報』第174号、pp.8~9.
- 苅谷剛彦(2017)『オックスフォードからの警鐘』, 中央公論新社.
- HESAウェブサイト
- 九門(2017)『「中国化」する英国の高等教育機関と留学生へのキャリア教育-英国ウォーリック大学での講演-』,アジア研究所所報, 亜細亜大学アジア研究所, pp.8-9.
- Kumon, Takashi (2017)," The Effect of "Being" Education on the Career Mindset: an Analysis of Chinese University Students 2014-2016". Journal of The Institute for Asian Studies No.44, pp.145-164.
- 山崎繭加(著)、竹内弘高(監修)(2016)『ハーバードはなぜ日本の東北で学ぶのか』, ダイヤモンド社.

5章

- Katsuhito Iwai (2001) "The Nature of the Business Corporation -Its Legal Structure and Economic Functions-", The University of Tokyo, CIRJE-F-135.
- Masahiko Aoki (2010) *Corporations in Evolving Diversity: Cognition, Governance and Institutions*, Oxford University Press.
- Colin Mayer, "Corporate Governance Reform in Japan: Lessons from the UK, US, and Elsewhere", METI-RIETI Symposium (October 16, 2014).
- 文部科学省「世界人権宣言(仮訳文)(1948年12月10日国連総会採択)」
- 岩井克人(2003),『会社はこれからどうなるのか』, 平凡社.
- 国際連合広報センターウェブサイト
- 「米「株主第一主義」に転機　社会の分断に危機感」,『日本経済新聞電子版』2019年8月20日.
- 「米経済界「株主第一主義」見直し　従業員配慮を宣言」,『日本経済新聞電子版』2019年8月20日.
- 「ダボス会議、資本主義の再定義探る　格差・環境が転機」,『日本経済新聞電子版』2020年1月22日.

・「ダボス会議「リセット」議論 戦後システム時代遅れ シュワブ会長「弱者救済、次代への責任」」,『日本経済新聞電子版』2020年6月4日.
・ジャック・アタリ(2017),『2030年ジャック・アタリの未来予測』,プレジデント社.

6章

・九門大士(2019)「外国人留学生の北陸(日本)への就職意識と求められる就職支援活動-北陸4大学留学生への就職意識に関する調査結果の分析-」,『北陸企業の外国人材の採用・活用』,北陸AJEC・北陸経済連合会・ジェトロ.
・就職みらい研究所(2019)『就職白書2019』,リクルートキャリア.
・伊賀泰代(2016),『生産性』,ダイヤモンド社.
・経済産業省(2020)『外国人留学生の採用や入社後の活躍に向けたハンドブック』.
・厚生労働省(2020)『海外IT人材採用・定着ハンドブック』.
・中村和彦(2015)『入門　組織開発』,光文社.
・Harrison,D.A.,Price,K.H.,Bell,P.M., "*Beyond Relational Demography: Time and the Effects of Surface-and Deep-level Diversity on Work Group Cohesion*",Academy of Management Journal.Vol.41 No.1,pp.96－107,1998.
・谷口真美(2009)「ダイバシティ研究とその変遷 : 国際ビジネスとの接点」(2008年全国大会統一論題 国際ビジネスとダイバーシティ・マネジメント)、『国際ビジネス研究』, 1(2), pp.19-29, 国際ビジネス研究学会.
・谷口真美(2005)『ダイバーシティ・マネジメント　多様性を活かす組織』,白桃書房.
アデコグループインタビュー記事「深層のダイバーシティ」を活かすことがビジネスの成果に結びつく」(2020年7月29日アクセス)
・McKinsey & Company(2018), "Delivering through Diversity".
・Bassett-Jones, N.(2005). "The paradox of diversity management, creativity and innovation. Creativity and innovation management, 14(2), pp.169-175.
・Mor Barak, Michàlle E. (2017) *Managing Diversity Toward a Globally Inclusive Workplace Fourth Edition*.
・田村一也、石井 大智、ツェン シュージェー オスティン(2018)『外国人の日本での就業意識に関する調査2018 年実施』経済産業研究所, 経済産業研究所.
・小山健太(2018)「ダイバーシティ・マネジメントと上司の成長–高度外国籍人材と創り出すイノベーション-」,『企業と人材』, 2018年12月号、pp.40-45.
・九門崇(2012)『アジアで働く』,英治出版.
・経済産業省(2018)「企業の戦略的人事機能の強化に関する調査(経営力強化に向けた人材マネジメントに関する提言および先進企業事例)」、マーサージャパン(受託事業者).

おわりに

・マイナビ(2020)『新型コロナウイルスの外国人留学生の就職活動への影響に関するアンケート調査』.
・「日本苦闘する外国人就活生　コロナ禍で内定遅れ、募る不安」,『日経産業新聞電子版』, 2020年7月15日.

九門 大士

くもん・たかし

亜細亜大学アジア研究所教授。東京大学公共政策大学院非常勤講師。東京大学公共政策大学院で主に外国人留学生向けに英語で「日本産業論」を教える。慶應義塾大学法学部卒、米ミシガン大学公共政策大学院修了。JETRO（日本貿易振興機構）にて中国・アジアにおける人材マネジメント・企業動向のリサーチなどを担当。中国・清華大学経済管理学院にて1年間の研修。2010年にグローバル人材育成を主業務として独立。東京大学工学部特任研究員、亜細亜大学国際関係学部特任教授などを経て、現職に就く。主な著者に『アジアで働く』（英治出版,2012年）、『中国進出企業の人材活用と人事戦略』（JETRO、共著）など

ブログ：https://note.com/takashikumon

日本を愛する外国人がなぜ日本企業で活躍できないのか？

外国人エリート留学生の知られざる本音

発行日　2020 年9月30日　第1版第1刷発行

著者　九門 大士

発行者　伊藤 暢人

発行　日経BP

発売　日経BPマーケティング

〒105-8308

東京都港区虎ノ門4-3-12

https://business.nikkei.com/

編集　山崎 良兵

校正　円水社

装丁・DTP　中川 英祐（トリプルライン）

印刷・製本　大日本印刷株式会社

本書の無断転用・複製（コピー等）は著作権法上の例外を除き、禁じられています。
購入者以外の第三者による電子データ化及び電子書籍化は、
私的使用を含め一切認められておりません。落丁本、乱丁本はお取り替えいたします。
本書に関するお問い合わせ、ご連絡は下記にて承ります。
https://nkbp.jp/booksQA

©Takashi Kumon, 2020, Printed in Japan

ISBN 978-4-296-10707-0